POPOL WUJ

POPOL WUJ

ANTIGUAS HISTORIAS DE LOS INDIOS QUICHES
DE GUATEMALA

ILUSTRADAS CON DIBUJOS

DE LOS

CODICES MAYAS

ADVERTENCIA, VERSION
Y VOCABULARIO DE

ALBERTINA SARAVIA E.

DECIMO QUINTA EDICION
REVISADA

EDITORIAL PORRUA, S.A.
AV. REPUBLICA ARGENTINA, 15
MÉXICO, 1984

Primera edición en la colección "Sepan Cuantos. . .", 1965

Derechos reservados

Copyright © 1984 por
ALBERTINA SARAVIA E.
9a. calle 0-39
Zona 1
Guatemala, C.A.

Esta edición y sus características son propiedad de la
EDITORIAL PORRUA, S. A.
Av. Rep. Argentina, 15, México 1, D. F.

Queda hecho el depósito que marca la ley

ISBN 968-432-375-1

En homenaje a
FRAY FRANCISCO XIMENEZ
1666-1729-30 (?)

ADVERTENCIA

Cuando niña, oía yo embelesada a mi padre contar episodios del *Popol Wuj* y al llegar a los doce años, le pedí el libro para recrearme en su lectura. Me dio la edición de Villacorta y Rodas, la única que se conseguía por entonces. Debo confesar que no pude entenderlo, era un lenguaje demasiado enrevesado para mí ¡tenía tantas repeticiones! y, aunque llegué al final, bien poco logré desentrañar de su contenido. Pero me quedó. el deseo de que alguien lo escribiera al alcance de la comprensión de quienes lo leyeran, grandes y chicos. Pasaron los años mas como ninguno lo redactó en la forma que lo deseaba, decidí hacerlo yo misma y después de haber laborado durante ocho años quedó en su forma actual: una adaptación del *Libro Sagrado* ilustrada con dibujos de los *Códices Mayas*.

Tomé las leyendas de la segunda versión revisada de Ximénez que se encuentran en su *Historia de la Provincia de San Vicente de Chiapa y Guatemala*, tomo I, publicada por la Sociedad de Geografía e Historia de Guatemala, en 1929.

Conociendo el valor de una buena síntesis, traté de conservar, en cierta medida, el español del siglo XVIII en el que fue escrito, suprimí repeticiones y arreglé algunas frases para hacerlo más comprensible; hay párrafos que dejé como los tiene Ximénez, otros los reduje a pocas palabras. También sustituí algunos términos arcaicos por otros de uso actual. En unos pocos casos tuve que usar frases aclaratorias, que están sobreentendidas en el contexto. Las historias se encuentran completas excepto las genealogías de los jefes quichés que no tenían lugar en un compendio de esta naturaleza. Imité a Rudyard Kipling en su *Hijo de la Selva* por la forma de dar los nombres en el idioma original seguidos de su traducción como Coy, el Mico; los Ahauab, los Señores; Tamazul, el Sapo; Xibalbá, el Infierno, etc.

Vivían en mí las imágenes evocadas por las maravillosas descripciones de mi padre, que hacían desfilar claramente ante mis ojos las escenas que se desarrollaban en el *Libro del Consejo*. Por

eso deseé ilustrar el texto con dibujos, y para documentarme sobre
los trajes, tipos y posturas recurrí a los *Códices Mayas*. Al obser-
varlos y compararlos me encontré con la riqueza enorme de per-
sonajes y animales en diferentes actitudes y me di cuenta de que
eran perfectos para mi propósito, por lo que decidí emprender la
faena de reproducirlos. Fui al Museo Nacional de Arqueología y
Etnología, donde pude estudiar las copias de los que allí se encuentran, que son el *Dresdense, Tro-Cortesiano* y *Peresiano,* únicos que
se conocen hasta ahora que se hayan salvado de la acción destruc-
tora del tiempo y de los hombres.

Para dar a las páginas la forma de códice que tienen, decidí
dejar las hojas del tamaño, más o menos, de las del *Tro-Cortesiano.*
Al pie de cada figura se halla el número de la página que corres-
ponde más las iniciales de donde fue tomado, así: *Códice Tro-*
Cortesiano (C. T.), *Códice Peresiano* (C. P.), *Códice Dresdense*
(C. D.). La parte del *Tro-Cortesiano* conocida con el nombre de
Cortesiano no tiene paginación y los caracteres tomados de él llevan
las iniciales (C. CT).

Al calcar las gráficas suprimí los números, jeroglíficos y demás
detalles de que están rodeadas algunas de ellas, para que resaltaran
y quedaran así más claras las ilustraciones.

Las páginas están numeradas, en la parte superior, con el
sistema de los mayas y en la parte inferior con los caracteres ará-
bigos correspondientes.

Este trabajo no es de investigación; al adaptar el manuscrito tuve
la aspiración de popularizar la lectura de una notable obra de la
literatura indígena de América y de divulgar, además, el dibujo
maya que es tan plástico y tan poco conocido.

Al leer estas crónicas hay que recordar que los *Códices Mayas*
y el *Popol Vuh* fueron producidos por dos diferentes civilizacio-
nes: los primeros son de la época anterior a la venida de Colón
y el segundo es una relación quiché escrita durante la dominación
española, con una diferencia aproximada de 300 años. Es decir,
que no hay verdaderamente un nexo entre los dos.

Para que se tenga una mejor idea de lo que trata cada uno de los
documentos y conocer al primer traductor de las *Historias del origen de los*
Indios, doy a continuación los siguientes datos:

LOS QUICHES.—Habitaban en Guatemala varios pueblos indígenas importantes por su cultura y con una lengua que tiene parentesco con la maya. Entre ellos se encontraban los Quichés que, junto con los Cakchiqueles, eran de los más avanzados señoríos de este grupo de aborígenes centroamericanos.

Cuando llegaron los españoles, las principales tribus autóctonas se encontraban en luchas civiles y, aunque los quichés opusieron una valerosa resistencia a los conquistadores, fueron derrotados al fin. Destruida su capital, Utatlán, varias familias se refugiaron en Santo Tomás Chichicastenango, en donde sus descendientes conservan algunas de sus costumbres.

POPOL WUJ.—Contiene las historias de los indios quichés acerca de la formación del mundo, de sus dioses, héroes y hombres, o sea que trata del origen mitológico de su pueblo, de sus creencias religiosas y de la genealogía de sus jefes. Esta tradición fue una de las que se conservaron debido a que los nativos que aprendieron el alfabeto con los misioneros españoles lo utilizaron para copiar sus libros de historias, ritos y hábitos de sociedad. Es posible que el antiguo escrito a que se refiere el *Libro Nacional de los Quichés* haya sido redactado con su sistema anterior: dibujos y jeroglíficos.

FRAY FRANCISCO XIMENEZ.—Nació en Ecija, provincia de Andalucía, España, en 1666. Llegó a Guatemala en 1688. Perteneció a la orden de frailes predicadores de Santo Domingo. A él le fue encomendada la tarea de escribir la crónica de su Provincia, lo que hizo cuando fue cura párroco en diferentes pueblos. Fue un excelente lingüista y estudió a fondo varias lenguas vernáculas. Mientras estuvo en Chichicastenango, los indios le enseñaron el manuscrito de los antiguos quichés, el cual es conocido generalmente con el nombre de *Popol Vuh,* aunque también le dan otros títulos, como los que he mencionado. Fray Francisco copió el original en quiché y lo tradujo al español. Esta copia es la que está depositada en la *Newberry Library,* Chicago.

Ximénez escribió una versión corregida de la primera traducción al comienzo de su *Historia de la Provincia de San Vicente de Chiapa y Guatemala* y de aquí tomé las leyendas para mi recapitulación.

No se sabe con seguridad la fecha de la muerte de Fray Francisco Ximénez.

CODICES MAYAS.—Se llaman así los documentos que los amanuenses mayas realizaron antes de la venida de Colón con dibujos, números y jeroglíficos. Se conocen únicamente tres: el *Codex Dresdensis*, el *Codex Tro-Cortesianus* y el *Codex Peresianus*. Los originales están, respectivamente, en Dresde, Madrid y París.

Los indígenas preparaban convenientemente la corteza de un árbol, formando largas tiras dobladas como un biombo, sobre las cuales pintaban sus signos. Las páginas las dividían por líneas en dos, tres y cuatro partes y además las enmarcaban con líneas de colores.

NUMERACION MAYA.—El sistema numeral maya usaba *puntos* y *barras*. El punto . tiene un valor numérico de *uno* y la barra —— de *cinco*. Al combinar estos dos símbolos, se escriben los números del 1 al 19 inclusive, de la manera siguiente:

⊘	0	——	5	≡	10	≣	15
•	1	—•—	6	≡•	11	≣•	16
••	2	—••—	7	≡••	12	≣••	17
•••	3	—•••—	8	≡•••	13	≣•••	18
••••	4	—••••—	9	≡••••	14	≣••••	19

Los números mayores de 19 exigían el uso de su sistema aritmético de posiciones, cuyos valores aumentan de veinte en veinte, de abajo a arriba. La progresión vigesimal es: 1, 20, 400, 8000, 160.000 y los mayas la seguían fielmente para hacer sus cálculos, a excepción del cómputo del tiempo en el que la tercera posición es 18 veces, en lugar de 20, la segunda posición con el objeto de darle el valor de 360 en lugar de 400. Uno de los símbolos más comunes para representar el 0 era una concha en forma convencional. Por ejemplo: el número 40 se escribía . . colocando en la

⊘

posición inferior una concha para marcar cero unidades del primer orden y dos puntos en la segunda posición para indicar dos unidades del segundo orden.

PRONUNCIACION.—En las palabras quichés la *h* es equivalente a la *j* española y la *x* a la *sh* inglesa o *ch* francesa. Para facilitar la fonetización de las que principian con *x*, como *Xquic*, agregué una *I* antes de dicha letra, *Ixquic*. Todos los términos son agudos, es decir, que llevan el acento en la última sílaba a excepción de *níma, grande,* que es grave.

Si esta adaptación del *Popol Wuj* y de los *Códices Mayas* despierta el interés de los lectores por conocer esos documentos en sus fuentes originales, habrá compensado con creces el esfuerzo que hice y, al mismo tiempo, llenará mi objetivo, convencida de la inmensa importancia que tienen en la literatura de América estas historias de los antiguos indios quichés de Guatemala.

ALBERTINA SARAVIA E.

Guatemala, octubre de 1954

NOTA A LA DECIMA QUINTA EDICION, REVISADA

El POPOL WUJ ilustrado con dibujos de los Códices Mayas, tiene en su haber catorce ediciones de 1965 a la fecha. Al revisarlo cuidadosamente corregí lo que consideré necesario. El texto lo dejé prácticamente el mismo, únicamente cambié la ortografía de las palabras quichés al utilizar los símbolos del alfabeto oficial para las lenguas indígenas de Guatemala.

La *x* es igual a la *sh* inglesa o a la *ch* francesa. La *w* tiene el sonido de la *w* en inglés, por ejemplo: *wa (comida)* se pronuncia como en *wa*gon. En español el sonido es parecido a *gua* pronunciando el sonido *g* con los labios. La *k* representa un sonido más gutural que la *c*. El saltillo (') a continuación de una letra representa el sonido glotalizado, es decir, que la glotis se cierra antes de emitir el sonido.

A algunos párrafos les agregué una oración para completar el sentido de la frase y hacerlo más claro. Me abstuve de redactarlo de nuevo porque eso hubiera significado un texto diferente.

El Vocabulario lo enriquecí ampliamente. Para que fuera más práctico agregué el número de la página, entre paréntesis, en la que se encuentra mencionada la palabra en el texto.

Las obras de los antiguos cronistas me sirvieron para aumentar los datos acerca de diferentes aspectos de la vida indígena en la antigüedad.

Agregué una sección llamada "¿PORQUE. . .?" en la que reuní las explicaciones que daban los antiguos quichés a costumbres tradicionales.

Vaya esta edición corregida y aumentada del POPOL WUJ ilustrado con dibujos de los Códices Mayas, a enriquecer aún más los conocimientos sobre las costumbres de nuestros antepasados.

Albertina Saravia E.
Guatemala, mayo de 1982

VOCABULARIO

abuela.—(v. XMUCANE.)

adivino.—(v. zajorín.)

adoradores.—(v. sacrificadores.)

águila.—(v. COT.)

aj.—Es una partícula que al juntarse con los nombres significa a veces *oficial de algo;* otras indica *dignidad;* en otros casos indica el *lugar de origen o patria* de alguna persona.

AJALK'ANA.—*El que hace la aguadija.* Uno de los señores de Xibalbá. Junto con su compañero AJALPUJ tenía por oficio hinchar a los hombres y producirles materia en sus piernas y causarles amarillez en sus rostros; esta enfermedad se llama *en su amarillez;* eran los del humor amarillo como el del hidrópico. (83) (v. Señores del Infierno.)

AJALMEZ.—*El que hace la basura.* Uno de los señores de Xibalbá, compañero de AJALTOK'OB. El oficio de ambos era punzar a los hombres, que les sucediera mal y que murieran boca abajo o a la puerta de la casa o detrás de ella. (83) (v. Señores del Infierno.)

AJALPUJ.—*El que labra las materias.* (83) (v. AJALK'ANA.)

AJALTOK'OB.—*El que causa miseria.* (83) (v. AJALMEZ.)

AJAW.—*El señor o jefe.* 1. Está compuesto de AJ y de AW que significa la cadena de la que pende una joya y así quiere decir: *El de la joya o cadena,* que era la insignia de los señores principales. 2. El Ajaw, "el del collar", gozaba de privilegios como usar trajes de algodón (los demás los usaban hechos de maguey), jugar el "juego de pelota" ceremonial, comerciar hasta lugares distantes, comer cierta carne prohibida para la gente común, etc. (Carmack, p. 25.)

AJAWAB.—Plural de AJAW.

AK.—*El coche de monte.* 1. Uno de los animales que no se dejaron coger por Junajpú e Xbalamqué. (70) 2. Uno de los animales que llamó Xbalamqué para escoger el que había de formar la cabeza de Junajpú. (91) 3. *tayassu peccari.* Vive en México, Guatemala y Honduras (Según Schultze Jena: *dicotyles labiatus Cuv., Pekari.)*

amate.—(v. papel.)

anona.—(v. *cawex.)*

árbol de sangre. 1. En quiché: *chuj K'ak' che:* de *chuj,* grana, cochinilla; *k'ak',* rojo, fuego; *che,* árbol: *árbol rojo escarlata.* 2. Schultze Jena dice que el *chuj k'ak' che* bien puede ser la leguminosa *Pterocarpus draco L.,* que en América se llama *árbol de sangre de dragón.* 3. Ximénez cita el *palo de sangre* en su obra HISTORIA DE LA PROVINCIA DE SAN VICENTE DE CHIAPA Y GUATEMALA, t. III, p. 17: "En tierra habitada por los Choles hay un género de

palos grandes que en picándolos echan sangre como la de Drago y
lo llaman en la lengua de Cahabón *pilix* y en chol *cancanté".*

árbol de morro.—(v. jícara.)

árbol de nance.—(v. nance.)

armadillo.—(v. IBOY.)

avispas.—(v. ZITAL.)

AWILIX.—Divinidad de los Quichés cuyo ídolo sacó Balam Ak'ab de
Tulán. (111, 128, 131, 132, 165) "la diosa de la luna" (Según Carmack, p. 67.)

bailes.—1. Junajpú e Xbalamqué tocaron en sus flautas y tambores y
cantaron el Junajpú Coy, El mono de Junajpú, que sus hermanos Jun
Batz y Jun Chowen, convertidos en micos, bailaron al son de los instrumentos. (55-57)

2. En Xibalbá los dos muchachos danzaron los bailes de: El Pujuy,
la Lechuza, el del Cux, la Comadreja, el del Iboy, el Armadillo, el
del Xtzul, el Ciempiés y el del Chitic, El que anda en zancos. (97)
(v. CHITIC.)

3. Balam Quitzé, Balam Ak'ab, Majucutaj e Iquí Balam se fueron
bailando hacia donde estaba naciendo el sol, de la alegría que sen-
tían al mismo tiempo que iban quemando *pom.* (121)

BALAM.—*El jaguar.* 1. Uno de los primeros animales que fueron formados por los Creadores para que sirvieran de guardianes en los
montes. (5)

2. *La casa de los jaguares* era un lugar de castigo en Xibalbá que
estaba lleno de jaguares. (40, 89)

3. Uno de los animales que Junajpú e Xbalamqué no pudieron coger. (68)

4. Los sacrificadores, los cuatro jefes de los Quichés, imitaban el
rugido del jaguar cuando plagiaban a las gentes de las tribus. (125)

5. Balam Quitzé pintó un jaguar en la tela que entregó a las doncellas. (132, 133)

6. K'ucumatz, grande y famoso Señor de los Quichés, podía transformarse en jaguar durante siete días. (154)

7. Mamífero carnicero que trepa a los árboles. Variedad guatemalteca: *Felix onca Centralis y Goldmani.*

BALAM AK'AB.—*El jaguar de la noche.* Uno de los primeros cuatro
hombres que fueron creados de maíz. Su mujer fue Chomijá. Primer
abuelo y padre de la Casa de Nijaib. (105, 106, 109, 111, 115, 116,
121, 124, 128, 132, 134-136, 139, 142, 147, 166) (v. CHOMIJA,
NIJAIB.)

BALAM QUITZE.—*El jaguar de la dulce risa.* Uno de los cuatro primeros hombres creados de maíz. Su mujer fue Cajá Paluná. Tronco de
la Casa de Cawec. (105, 109, 110, 115, 116, 121, 124, 128, 132,
134, 136, 141, 147, 166) (v. CAJA PALUNA, CAWEC.)

bejuco o enredadera.—1. Los bejucos que Junajpú e Xbalamqué cortaron
en su roza, volvieron a enderezarse y a quedar parados como antes de
ser cortados. (60, 61, 67, 68) (v. roza.)

2. La palabra *bejuco* es voz caribe. (*caam:* quiché.) Planta trepadora
que suele encaramarse a las copas de los árboles. Pertenecen a la especie *vitis,* de las que hay varias.

bodocazo.—1. Golpe dado con un bodoque.

2. Junajpú le tiró un bodocazo a Wukub K'aquix cuando éste comía

nances en un árbol. (20, 21) (v. JUNAJPU 2, WUKUB K'AQUIX, cerbatana, 1, 2.)

bodoque.—1. Esfera hecha de barro u otra sustancia que sirve para lanzar un proyectil con honda o cerbatana.

2. Los dos muchachos Junajpú e Xbalamqué no usaron bodoques en sus cerbatanas cuando cazaban pájaros en compañía de Cab Rakan. (31)

CAB RAKAN.—*Dos pies.* 1. Hijo segundo de Wukub K'aquix y de Chimalmat. Uno de los grandes soberbios. Hacía estremecer y temblar los grandes y pequeños montes. (18, 30-32) (v. WUKUB K'AQUIX, CHIMALMAT.)

2. En quiché contemporáneo el nombre que se da a los temblores es *cab rakan* y el de los terremotos *nimalaj cab rakan: (nimalaj:* grandísimo).

cacao.—1. Semillas designadas como comida del ratón. (71)

2. *Theobroma cacao,* de la familia de las *esterculiáceas.* Con las semillas se hace chocolate y se extrae la manteca de cacao, de variados usos.

3. "Del cacao hacían varias bebidas que les eran muy familiares y, entre otras, la que llamaban *chocolatl".* (Clavijero, p. 265.)

4. Náhuatl: *chocolatl.*

cacaxte.—1. Balam Quitzé, Balam Ak'ab, Majucutaj e Iquí Balam cargaron los ídolos de sus dioses arreglados en cacaxtes suspendidos a sus espaldas. (110)

2. "Armazón de madera cuya base es un rectángulo con cuatro escalerillas laterales como las de la jaba y que sirve a nuestros indios para llevar muchas cosas a cuestas, como huevos, gallinas, frutas y artículos de comercio". (Semántica guatemalense.) El indígena lo lleva a la espalda suspendido en la frente con la ayuda de un *mecapal.* (Véase.)

3. Náhuatl: *cacaxtli.*

CACULJA JURAKÁN.—*El rayo de una pierna.* Primer manifestación de Jurakán. (4) (v. JURAKÁN.)

caite.—1. Sandalia hecha de cuero crudo o de suela, que usan los indígenas y la gente pobre. (v. TOJIL, 4.)

2. "Zapato, del mexicano *cactli".* (Alvarado Tezozomoc, p. 308, nota 2.)

3. Náhuatl: *cactli;* quiché: *xajab.*

4. "*Cactli:* sandalia; calzado formado por una suela y dos correas, con más o menos adornos". (Sahagún, vocabulario, p. 920.)

CAJA PALUNA.—*Agua parada que cae de lo alto.* Una de las cuatro primeras mujeres que fueron creadas. Fue mujer de Balam Quitzé. (105, 141, 166) (v. BALAM QUITZÉ, CAWEC, COCAIB, COCAWIB.)

cajete.—1. Los cajetes golpearon el rostro de los hombres de madera cuando fueron castigados por Jurakán. (13)

2. Vasija o cuenco de barro, de forma redondeada y boca ancha que utilizan los indígenas como escudilla.

CAKCHIQUELES.—1. Las tribus cakchiqueles emigraron junto con las quichés cuando salieron de Tulán. (114)

2. Protegidos por el humo, los cakchiqueles robaron fuego a los quichés. (116)

3. Se rebelaron contra los quichés pero fueron subyugados por Quik'ab. (157)

CAMACU.—Canto de muerte y despedida de los cuatro primeros hombres al decirles adiós a sus mujeres y a sus hijos. (144)

CAMALOTZ.—Animal que cortó la cabeza a los hombres de madera cuando fueron castigados por el Corazón del Cielo. (13)

CAMASOTZ.—*Murciélago de muerte.* Cortó la cabeza de Junajpú cuando los muchachos estuvieron encerrados en la Casa de los Murciélagos. (90)

camino a Xibalbá.—El camino para llegar a Xibalbá estaba lleno de dificultades: 1. JUN JUNAJPU y WUKUB JUNAJPÚ, guiados por los mensajeros Tucur, tomaron el camino que iba a Xibalbá, bajaron unas escaleras muy difíciles de bajar que les costó mucho trabajo; llegaron a un barranco profundo y angosto por donde pasaba un río muy violento y lo atravesaron con mucho riesgo; después pasaron el agua que se trueca; llegaron a un lugar lleno de estacas de puntas muy agudas y las pasaron sin lastimarse; de allí llegaron a un río de sangre y pasaron por él sin beber; pasando de allí llegaron a la encrucijada de un camino que se partía en cuatro y aquí fueron vencidos porque no sabían cuál tomar: un camino era colorado, otro negro, otro blanco y el otro amarillo. Hallándose perplejos habló el camino negro y les dijo: "A mí habéis de tomar porque yo soy el camino de los Señores". Y siguiendo este camino llegaron a los tronos de los Señores del Infierno y allí fueron ganados y vencidos. (36)
2. Los mayas asociaban los colores con los puntos cardinales: negro al Oeste; rojo al Este; amarillo al Sur y blanco al Norte. (Morley.)
3. Junajpú e Xbalamqué llevaban sus cerbatanas cuando tomaron el camino al Infierno, obedeciendo la orden de los Ajawab de Xibalbá. Bajaron rápidamente las gradas empinadas y llegaron al río que estaba en el fondo del barranco, lo pasaron sin peligro en medio de los pájaros llamados Molay. Pasaron dos ríos, uno de materia y otro de sangre. Los atravesaron sin poner los pies, porque pasaron sobre sus cerbatanas. De allí llegaron a la encrucijada de cuatro caminos: el uno era negro, otro blanco, otro colorado y otro verde, pero ellos sabían muy bien el camino que tenían que tomar y no dudaron en seguir el camino negro. (81)

cangrejo.—(v. TAP.)

cantil.—1. Uno de los animales creados por los Formadores y Hacedores para guardianes de los montes. (5)
2. *Agkistrodon bilineatus.* Culebra venenosa. Habita las costas del Océano Pacífico, desde el nivel del mar hasta 600 m de altura.

cañas.—1. Junajpú e Xbalamqué sembraron unas cañas en el patio de su casa, en señal de su existencia, cuando se despidieron de su abuela Xmucané para ir a Xibalbá. (80)
2. Las cañas se secaron cuando murieron los dos muchachos y retoñaron cuando ellos resucitaron. (102) (v. *pom*, 1.)

CAR.—*Pescado.* 1. Antes de la Creación no había... pescados. (3)
2. La comida de Zipacná consistía en pescado y cangrejos. (28)
3. Junajpú e Xbalamqué se aparecieron a los de Xibalbá en forma de pescado-hombre. (97)

Casa del Frío.—Lugar de tormento en Xibalbá. (40, 88)

Casa del Fuego.—Luegar de tormento en Xibalbá. (89)

Casa de los Jaguares.—Lugar de tormento en Xibalbá. (40, 89)

Casa de los Murciélagos.—Lugar de tormento en Xibalbá. (40, 90)

Casa de las Navajas de Chay.—Lugar de tormento en Xibalbá. (40, 86)
Casa Obscura.—Lugar de tormento en Xibalbá. (39, 40, 85)
CAWEC.—Casa Grande Quiché, fundada por Balam Quitzé y Cajá Paluná. Sus hijos se llamaron Cocaib y Cocawib. (141, 148, 151)
cawex.—*anona*. 1. Fruta que crecía en abundancia en Paxil y Cayalá. (104)
2. Orden *annona*. Familia de plantas *dicotiledóneas*. Árbol *anonáceo*, fruta de ese árbol.
CAWISIMAJ.—Señor Principal, adjunto de Quik'ab, de la séptima generación de la Casa de Cawec. (160)
CAYALA.—(v. PAXIL.)
cerbatana.—1. La cerbatana consiste en un tubo de caña hueco, que sirve para lanzar proyectiles soplándolos con fuerza. Los proyectiles más comunes son los bodoques de barro y las flechas. (v. bodoque.)
2. Junajpú le tiró un bodocazo a Wukub K'aquix con su cerbatana. (20, 21)
3. Junajpú e Xbalamqué usaron sólo el soplo de su aliento, sin bodoques en sus cerbatanes, cuando iban cazando pájaros en compañía de Cab Rakán. (31)
4. Junajpú e Xbalamqué cazaban pájaros con sus cerbatanas para sus hermanos Jun Batz y Jun Chowen. (52, 54)
5. Los muchachos le tiraron un bodocazo al Gavilán, con sus cerbatanas. (78) (v. WAC, hule, 2.)
6. Junajpú e Xbalamqué tomaron el camino a Xibalbá llevando sus cerbatanas y cruzaron los ríos de pus y de sangre, caminando sobre ellas. (81)
7. Junajpú e Xbalamqué durmieron dentro de sus cerbatanas cuando estaban en la Casa de los Murciélagos. (90) (v. CAMASOTZ, Casa de los Murciélagos.)
ciempiés.—(v. XTZUL.)
cigarros.—(v. tabaco.)
COACUL.—Uno de los hijos de Balam Ak'ab y Chomijá, hermano de Coacutec. De la Casa de Nijaib. (142) (v. Balam Ak'ab, Chomijá, Nijaib.)
COACUTEC.—(v. COACUL.)
COAJAW.—Hijo único de Majucutaj y Tzununijá. De la Casa del Ajaw Quiché. (143) (v. Majucutaj, Tzununijá.)
coatí.—(v. ZIZ.)
COC.—*La tortuga*. 1. El animal escogido por Xbalamqué para formar la cabeza de Junajpú cuando Camasotz se la cercenó. (92, 95)
2. Es un *quelonio*.
COCAIB.—Uno de los dos hijos de Balam Quitzé y Cajá Paluná, hermano de Cocawib. De la Casa de Cawec. (141) (v. Balam Quitzé, Cajá Paluná, Cawec.)
COCAWIB.—(v. COCAIB.)
coche de monte.—(v. AK.)
COJ.—*El puma*. 1. Uno de los animales que fueron creados para servir de guardianes de los montes. (5)
2. Uno de los animales que Junajpú e Xbalamqué no pudieron coger. (68)
3. Los Sacrificadores, los cuatro jefes quichés, imitaban el rugido del puma cuando iban por los cerros capturando a la gente de los pueblos. (125)

4. Especie guatemalteca: *Felix concolor mayensis, Nelson y Goldman.*
comales.—1. Trastos de cocina que se rebelaron contra el hombre de madera cuando fueron castigados por el Corazón del Cielo. (13, 14)
2. Disco de barro que se coloca sobre los *tenamastes* al fuego, para cocer las tortillas. (v. tenamastes, tortillas.)
3. "comalli, hoy comal, utensilio redondo, un poco cóncavo, formado de barro poroso, cocido al fuego; en el comal, colocado en la lumbre, se cuecen las tortillas de maíz". (Alvarado Tezozómoc, p. 330, nota 4.)
4. Náhuatl: *comalli.*
conejo.—(v. IMUL.)
copal.— (v. pom.)
1. Náhuatl: *copalli.*
2. "*Copalli:* Goma resinosa de varios árboles, empleada en el culto y en la etiqueta social, así como en la medicina". (Sahagún, vocabulario.)
CORAZÓN DEL CIELO.—(v. JURAKÁN.)
CORAZÓN DE LA TIERRA.—(v. JURAKÁN.)
COT.—*El águila.* 1. Balam Ak'ab pintó un águila en el paño que dio a las doncellas. (132, 133)
2. K'ucumatz se convertía en águila durante siete días. (153) (v. K'UCUMATZ,3.)
3. *Harpia harpija.*
COTCOWACH.—1. Un animal que les sacó los ojos a los hombres de madera cuando fueron castigados por el Corazón del Cielo. (13)
2. Los traductores del Popol Wuj transcriben *xecotcowach* tal y como lo copió Ximénez en el texto español de su traducción; pero en la columna quiché lo escribe separado "*xe cotcouach*" lo que se traduce correctamente como: *vino cotcowach.*
cotorra.—(v. QUEL.)
COTUJA.—Señor Principal de la Casa de Cawec, cuarta generación, que gobernó con su adjunto Xtayul. (148, 149) (v. IZMACHI, CAWEC.)
COTZBALAM.—Animal que les comió las carnes a los hombres de madera cuando fueron castigados por el Corazón del Cielo. (13)
COY.—*El mico.* 1. Los hombres de madera fueron convertidos en micos porque no alabaron ni veneraron a los Creadores y Formadores. (17)
2. Jun Batz y Jun Chowen fueron convertidos en micos por haberse portado mal con sus hermanos Junajpú e Xbalamqué. (54-57)
3. Especie propia de Guatemala: *Ateles geofroyi pan Schlegel.* Habitan en Alta Verapaz y en las montañas de la región central de Guatemala.
coyote.—(v. UTIW.)
creación.—Tepew y K'ucumatz crearon todas las criaturas, la tierra y su vegetación, en medio de la oscuridad. (3, 4, 5)
creación del hombre.—Los Creadores y Formadores intentaron varias veces crear al ser destinado a alabarlos, a invocarlos, a decir sus nombres y acordarse de ellos en la tierra y así ser sustentados y mantenidos para tener existencia:
1. El primer ensayo fue la creación de los animales, pero éstos no pudieron alabarlos. (5-9)
2. En el segundo intento hicieron al hombre de lodo, pero se disolvía en el agua y fue destruido. (9) (v. lodo.)
3. En tercera instancia hicieron al hombre de madera, que podía

reproducirse y hablar, pero se le olvidó alabar a sus Creadores. Fue castigado por el CORAZÓN DEL CIELO quien envió una gran cantidad de trementina para destruirlo y una lluvia negra, lluvia de noche, lluvía de día, para inundarlo y ahogarlo. (10-17)

4. La cuarta y última prueba tuvo éxito: el hombre fue creado de maíz. (103-104) (v. XMUCANÉ, QUEL, maíz, PAXIL.)

CUATROCIENTOS MUCHACHOS.—Fueron muertos por Zipacná y subieron al cielo junto con Junajpú e Xbalamqué, en donde fueron puestos por estrella, las Siete Cabrillas, que por eso se llaman *Motz,* Montón. (Las Pléyades.) (24-27, 102)

CUCHUMAQUIC.—*Sangre junta.* Uno de los Señores de Xibalbá, padre de la doncella Xquic. Compañero de Xiquiripat. El oficio de ambos era causar la enfermedad de sangre de que los hombres enferman. (43, 45, 46, 83) (v. XQUIC.)

culebra.—(v. CUMATZ.)

CUMATZ.—*La culebra.* 1. Animales que fueron creados para guardianes de los montes. (5)
2. (v. ZAQUICAZ.)

CUX.—*La comadreja.* 1. Baile de Junajpú e Xbalamqué en Xibalbá. (97)
2. *Mustela frenata.*

C'UCH.—*El zopilote.* 1. El zopilote oscureció el cielo cuatro veces abriendo sus alas cuando Xbalamqué estaba esculpiendo la cabeza de Junajpú en la concha de la tortuga. (93)
2. El quiché la palabra para nombrar el zopilote es *c'uch,* pero Ximénez, por error, escribió *wuch:* el tacuazín o zarigüeya. La prueba de que es equivocación es que él traduce la palabra por *zopilote.*
3. Nombres científicos: Tacuazín o zarigüeya: *Didelfis marsupialis.* Zopilote: *Ciragups atratus.* Comen carroña e inmundicias.
4. "Hay unas aves muy carniceras que llaman los españoles auras y los indios *kuch* las cuales son negras y tienen el pescuezo y cabeza como las gallinas de allí, y el pico larguillo con un garabato. Son muy sucias; casi siempre andan en los establos en lugares de la purgación del vientre comiéndolas y buscando carnes muertas para comer... Huelen tanto la carne muerta que para hallar los indios los venados que matan y se les huyen heridos no tienen remedio sino subidos en altos árboles mirar adonde acuden estas aves, y es cierto hallar allí su caza". (Landa, p. 134.)

chalchigüites.—1. Nombre derivado del náhuatl que designa al jade del que los indios hacían collares y adornos.
2. Los jefes de las tribus que lucharon contra los cuatro Ajawab, se adornaron con collares de chalchigüites y de plata para ir a la batalla y les fueron robados por los jefes quichés. (135)
3. Náhuatl: *chalchihuitl,* jadeíta labrada.
4. *"Chalchihuitl* significa en general *piedra preciosa".* (Alvarado Tezozómoc, p. 311, nota 2.)
5. "10. Hay otras piedras que se llaman chalchigüites; son verdes y no transparentes, mezcladas de blanco: úsanlas mucho los Principales, trayéndolas en las muñecas, atándolas en hilo y aquello es señal de que es noble el que la trae; a los *maceguales* no les era lícito traerlas". (Sahagún, p. 693.)
6. "Chalchihuitl. Piedra verde de varias clases. Esmeralda, jade, jadeíta, cristal verde, etc. Signo de todo lo precioso, rico y bello". (Sahagún, vocabulario.)

CHAMIABAK.—*Vara de hueso*. Junto con Chamiajolom, eran alguaciles de Xibalba, sus varas eran sólo hueso y era su alguacilazgo enflaquecer a los hombres y que hechos huesos y calaveras murieran y sólo tuvieran la barriga pegada al espinazo. (83) (v. Señores del Infierno.)

CHAMIAJOLOM.— *Vara de calavera*. Compañero de Chamiabak. (83) (v. CHAMIABAK.)

chay.—1. El cuchillo o lanceta de pedernal u obsidiana.
2. La Casa de las Navajas estaba llena de éstas. (86)

chicha.—1. Bebida fermentada de maíz con la que se emborracharon los Cuatrocientos Muchachos para celebrar la muerte de Zipacná. (25, 26) (v. CUATROCIENTOS MUCHACHOS, ZIPACNÁ.)
2. La chicha se hace con maíz amarillo, cebada, afrecho, cordoncillo, anís, jocote de chicha y panela. Los cereales se tuestan y se colocan dentro de bolsas en una tinaja con agua a la que se agregan la panela y los jocotes. Se deja fermentar en un lugar caliente. En los primeros días de fermentación se bebe como *fresco de suchiles*.

chile.—Sus semillas fueron uno de los alimentos señalados al ratón por Junajpú e Xbalamqué. (71)

CHIMALMAT.—Mujer de Wukub K'aquix y madre de Zipacná y Cab Rakán. (18, 21, 23) (v. WUKUB K'AQUIX, ZIPACNÁ, CAB RAKÁN.)

CHIPI CACULJA.—*El más pequeño de los rayos*. La segunda manifestación de Jurakán. (4, 44, 109) (v. CACULJA JURAKÁN, RAXA CACULJA, JURAKÁN.)

CHITIC.—*El que anda con zancos*. 1. Baile de Junajpú e Xbalamqué en Xibalbá. (97)
2. Usaban... "hacer una fiesta y en ella bailar un baile en muy altos zancos..." (Landa, p. 66.)
3. "¿Quién no se admirará de ver salir a un baile y andar alrededor de un atambor cuarenta o cincuenta indios, subidos en unos zancos de a braza o de a dos brazas, haciendo contenencias y meneos con el cuerpo como si anduvieran en sus propios pies?..." (Durán, p. 205, t. I.)
4. (v. bailes, 2.)

CHOMIJA.—*Agua hermosa y escogida*. Una de las cuatro primeras mujeres que fueron creadas. Mujer de Balam Ak'ab. (106, 166) (v. BALAM AK'AB, NIJAIB.)

CH'O.—*El ratón*. El único animal que Junajpú e Xbalanqué pudieron coger. Les reveló su destino. Los muchachos le designaron su comida al ratón: semillas de chile, maíz, frijol, cacao y los alimentos que se guardan en la casa. (71)

diluvio.—El diluvio que envió el CORAZÓN DEL CIELO para castigar al hombre de madera consistió en una gran cantidad de resina (o trementina) acompañada de una lluvia oscura, lluvia de día, lluvia de noche, que los anegó. (12)

enredadera.—(v. bejuco.)

envoltorio de majestad o grandeza envuelta.—Los cuatro jefes quichés se despidieron de sus mujeres e hijos y Balam Quitzé les dijo: Esto os dejo con vosotros y ésta será vuestra grandeza; ya me despedí y os avisé, y estoy triste. Esto dijo cuando les dejó la señal de su ser y costumbre, que se llama la majestad y grandeza envuelta, y no se sabe qué es, sino que quedo envuelto, y no se desató ni desenvolvió y no se sabe por dónde está cocido, porque no lo vieron cuando se envolvió, y así fue su despedida. . ." (Ximénez, original, folio 47 reverso.) (145)

escritura.—El arte de escribir y pintar fue traído del Oriente por los hijos de los cuatro Sacrificadores y Adoradores cuando cumplieron con el mandato de sus padres de regresar al lugar de donde vinieron. (146)

estacas de sembrar.—1. Les sirvió a Junajpu e Xbalamqué para sembrar su milpa. (59, 61, 63, 65)
2. Los indígenas quemaban el palo que les iba a servir para sembrar y lo aguzaban en el extremo al quemar la punta.

frijoles.—1. Comida señalada al ratón por Junajpú e Xbalamqué. (71)
2. Pertenecen al género *phaseoulus* y hay diferentes especies como el blanco, el negro, el colorado, el amarillo, el piloy y otros.

frijoles rojos del pito.—(v. tzité, zajorín.)

frutas tropicales.—1. Cuando las tribus iban a ver al Señor para pagarle su tributo, lo primero que hacían era llevarle un presente de fruta al Dios en la Casa Grande de Tojil. (161)
2. Los Señores Principales comían fruta cuando estaban ayunando durante su adoración a los dioses. (163)
3. (v. jocote, matasano, zapote, nance, anona.)

fuego.—1. Los comales, ollas y tenamastes se rebelaron contra el hombre de madera porque los ponían al fuego. (14)
2. Wkub K'aquix ordenó a su mujer Chimalmat poner el brazo de Junajpú sobre el humo del fuego. (21)
3. Junajpú e Xbalamqué hicieron fuego para asar un pájaro cubierto con tiza que comió Cab Rakán, por lo que perdió su fuerza y fue vencido por los dos muchachos. (31)
4. Los Señores de Xibalbá quemaron el sustituto del corazón de Xquic sobre el fuego. (49)
5. Los dos muchachos quemaron la cola del ratón en el fuego. (71)
6. Los muchachos combatieron el frío al hacer fuego en la Casa del Frío de Xibalbá. (88)
7. Junajpú e Xbalamqué murieron en Xibalbá en el fuego de una gran hoguera. (96)
8. Tojil creó el fuego y se los dio a los quichés. (114, 115) (v. TOJIL, 3, 4.)
9. Los cakchiqueles robaron el fuego de los quichés ocultándose en el humo. (116)
10. Las tribus que pidieron fuego fueron vencidas por los quichés. (117)

gallinas.—1. Animales que les reclamaron a los hombres de madera el que se las comieran. (13)
2. *Meleagris gallopavo:* el pavo. Los *Agriochares coellata* son los pavos propios de América Central y México. El primero dio origen al pavo doméstico. Estas fueron las gallinas que los españoles encontraron y llamaron *gallinas de la tierra.*

gato de monte.—(v. YAK.)

gavilán.—(v. XIC.)

guacamaya.—(v. K'AQUIX.)

hacha.—1. Junajpú e Xbalamqué utilizaron un hacha cuando cortaron los árboles y bejucos para preparar el terreno de sembrar maíz y hacer su milpa. (59-62, 64) (v. milpa, roza.)
2. Las hachas las hacían en general del pedernal y les daban muy buen filo.

hormigas.—(v. ZANIC.)
hule.—1. "Los Mayas jugaban su juego con una pelota de hule sólido
un milenio antes de que nuestra civilización occidental tuviera conocimiento del hule o de la pelota de hule". (Thompson, p. 7.)
2. Junajpú e Xbalamqué curaron el ojo del Gavilán con un pedacito
de hule de su pelota. (78) (v. pelota.)
3. La pelota estaba hecha con la savia del árbol de hule, de la familia de las moriáceas, de la cual hay dos especies: las *Castilloa elastica*
o árbol de hule y la *Castilloa guatemalensis*, el hule fino.
4. Náhuatl: *olli, ulli*.
5. "Ulli.—Resina de un árbol aún no cocida. Etimología probable 'lo
que se mueve'. La planta es *Hevea brassilensis*. (La H de la palabra
en el castellano de México es superflua y se introdujo y se ha man-
tenido por inercia puramente". (Sahagún, vocabulario, p. 958.)
5. "*El que vende ulli, goma*. 12. El que trata en la goma negra que
se llama *ulli*, que se derrite como torrezno puesto en asador y no se
torna a cuajar, tiene árboles de que la saca; hace unas masas redon-
das otras anchas y otras delgadas y largas. Es goma muy saludable.
De ésta se hacen las pelotas con que juegan, que fácilmente saltan
como pelotas de viento, haciendo sonido como las mismas". (Sahagún,
p. 573.)
6. "Usaban estas gentes Indianas el Juego de la Pelota... Hacían la
pelota de la Goma de un Árbol que nace en Tierras calientes, que
punzado estila unas gotas gordas y blancas y que muy presto se cuajan,
que mezcladas y amasadas se paran más prietas que la Pez; de este
ulli hacían sus Pelotas que aunque pesadas y duras para la mano,
eran muy propias para el modo con que la jugaban; votaban y sal-
tban tan livianamente como pelotas de Viento..." (Torquemada, t. II,
p. 552-553.)
IBOY.—*El armadillo*. 1. Baile de Junajpú e Xbalamqué en Xibalbá. (97)
2. *Dasypus novemcinctus fenestratus Peters*. Vive en casi todas las regiones de Guatemala.
ICOK'IJ.—1. La estrella que todas las tribus esperaban ver como señal
del nacimiento del sol. (119)
2. Las tribus se alegraron cuando vieron salir el lucero anuncio y
guía del sol. (120)
3. La estrella de la mañana cuando precede al sol y la estrella vesper-
tina cuando sigue al ocaso. Se identifica fácilmente con Venus.
ILOCAB.—Una de las parcialidades quichés. (114, 148)
IMUL.—*El conejo*.—1. Uno de los animales que no pudieron coger
Junajpú e Xbalamqué. (69, 70)
2. Un conejo se hizo pasar por la pelota de hule y se escondió detrás
de un tomatal, a pedido de Xbalamqué. (95)
3. *Sylvilagus floridanus*, el conejo cola de algodón.
Instrumentos del juego de pelota.—1. Jun Junajpú y Wukub Junajpú
escondieron los instrumentos del juego de pelota en el tabanco de su
casa. (36)
2. El ratón les reveló a los dos muchachos dónde se encontraban los
instrumentos del juego de la pelota de sus padres. (71-74)
3. Según Ximénez los instrumentos de juego eran el bate, la pala y
la pelota de hule. (74)
4. "14. Todos los que jugaban este juego lo jugaban en cueros, puestos encima de los bragueros que a la continua traían unos pañetes de
cuero de venado, para defensa de los muslos, que siempre los traían

raspando por el suelo. Poníanse en las manos unos guantes para no lastimarse las manos con que siempre andaban afirmando y sustentándose por el suelo". (Durán, p. 208, t. I.)

5. "...traían para jugar unos guantes en las manos y una cincha de cuero en las nalgas, para herir a la pelota". (Sahagún, p. 459-460.) instrumentos de música.—Junajpú e Xbalamqué tocaban la flauta y el tambor para atraer a sus hermanos convertidos en micos. (55-57)

IQUI BALAM.—*Tigre de la luna.* Uno de los cuatro primeros hombres creados de maíz. Su mujer se llamó K'aquixajá. No tuvieron descendencia. (105, 108, 109, 113, 115, 116, 121, 124, 128, 134-136, 139, 144, 145, 147, 166) (v. K'AQUIXAJÁ.)

ixim.—*maíz.* 1. Los adivinos usaron frijoles rojos del pito y granos de maíz para hacer sus adivinanzas. (10)

2. Los hombres de madera molían maíz en piedras de moler. (13)

3. Dos viejos le quitaron sus dientes a Wukub K'aquix y en su lugar le pusieron granos de maíz. (23)

4. Los CUATROCIENTOS MUCHACHOS hicieron chicha, bebida fermentada de maíz. (25, 26)

5. Xmucané ordenó a Xquic que tapixcara una red de maíz. (50)

6. De la masa del maíz blanco y del maíz amarillo fue hecha la carne y sustancia del hombre. (104) (v. XMUCANE 10, JOJ 1, YAK 2, UTIW 2, QUEL 1.)

7. En Paxil y Cayalá encontraron los Creadores las mazorcas de maíz amarillo y maíz blanco. (104) (v. PAXIL.)

8. Comida que le fue designada al ratón por los dos muchachos. (71)

9. Siembra de maíz. (v. milpa.)

10. *Zea mays,* de la familia de las *gramináceas.*

IZMACHI.—Montaña a donde pasaron a vivir los quichés. Allí fundaron su capital y construyeron edificios de cal y canto, en la cuarta generación, reinando Cotujá e Xtayul. (148, 150) (v. COTUJA.)

JACAWITZ.—1. Divinidad de los quichés. Su imagen fue la tercera en salir de Tulán y fue cargada por Majucutaj. (112)

2. Nombre de la montaña donde Majucutaj escondió la imagen de Jacawitz que se volvió de piedra a la salida del sol. (121)

3. Las tribus vieron la salida del sol en la montaña Jacawitz.

4. "Dios de la montaña" (Carmack, p. 67.)

5. Los cuatro primeros jefes, llamados los Venerados, se despidieron de sus mujeres y de sus hijos desde el cerro Jacawitz y en ese cerro murieron sus mujeres. (145, 147)

jade.—(v. chalchigüites.)

jaguar.—(v. BALAM.)

jícara.—1. La cabeza de Jun Junajpú se convirtió en jícara al ponerla sobre el horcón del cenicero por mandato de Jun Camé y Wukub Camé, Señores del Infierno. (42)

2. El horcón donde colocaron la cabeza de Junajpú se convirtió en árbol de jícaras. (42)

3. Los Tucur, los Tecolotes, recogieron el líquido rojo de un árbol, en una jícara como les indicó Xquic. Se coaguló en forma de corazón y se lo llevaron a los Señores de Xibalbá en lugar del corazón de Xquic. (46-49)

4. Junajpú e Xbalamqué llenaron cuatro jícaras con flores y se las enviaron a los Señores de Xibalbá. (86, 87)

5. Náhuatl: *xicalli.*

6. *Crescentia cujete.* Los indígenas hacen vasos y otros utensilios caseros de esta fruta. Hay otras especies: *Crescentia alata,* cuyo fruto se llama *morro.*

jocotes.—1. Fruta que crecía en Paxil y Cayalá, lugar donde los Creadores encontraron las mazorcas de maíz amarillo y del blanco para hacer la carne del hombre. (104) (v. PAXIL 1.)

2. Frutas que podían comer los Señores Principales cuando estaban en oración y debían guardar ayuno. (163) (v. matasano, zapote.)

3. *Spondias mombin,* de la familia de las *anacardáceas.* Hay diferentes especies de jocote, como el tronador, el de agosto, el tamalito, el ciruelo, el de martinica, el amarillo, el de chicha, el chicuís, el grande; pero el que mejor sabor tiene es el de corona, *Spondias purpurea.*

JOJ.—*El cuervo.* 1. Uno de los cuatro animales que manifestaron a los Creadores y Formadores el lugar donde crecía el maíz blanco y el maíz amarillo. (104) (v. PAXIL 3, quel, utiw, yak.)

2. *Corvus corax,* el cuervo.

jolí, jolí, juquí, juquí.—Sonido y chiflido que hace la piedra de moler al quebrantar el maíz en ella para hacer masa. (13)

JOLOMAN.—Uno de los Señores de Xibalbá. (83)

juego de pelota.—1. "...Este juego maya combinaba rasgos de basketball y soccer (football americano). Usando codos, rodillas y caderas, pero no las manos, los jugadores trataban de hacer pasar una pelota de hule sólido a través de un anillo de piedra situado en lo alto de la pared de sus oponentes. La tradición cuenta que los espectadores desaparecían cuando un jugador lo lograba, porque la hazaña lo hacía dueño de la ropa y joyas de todos". (*Indians of the Americas,* National Geographic Society, Washington, D. C., 1955, p. 202) (v. pelota, hule, patio del juego de pelota, instrumentos del juego de pelota.)

2. "Jugaban en partida, tantos a tantos, como dos a dos y tres a tres. En los principales juegos jugaban los Señores y Principales... Servíanse la pelota y si no venía buena no la recibían. Después que comenzaba a andar, los que la echaban por cima de la pared de frente o a topar en la pared, ganaban una raya o si daban con ella en el cuerpo de su contrario o alguno jugaba de mala, fuera del cuadril, ganaba una raya y a tantas rayas primeras iba el juego... y jugaban a tantas rayas una carga de Mantas, más o menos conforme a la posibilidad de los jugadores y si eran Reyes, villas y ciudades. También jugaban cosas de oro y pluma y también algunos se jugaban a sí mismos... y de esta manera solían ser más las apuestas que lo principal del juego". (Torquemada, t. II, p. 553.)

3. "...dábanle con sólo el quadril o nalga y no con otra parte del cuerpo, porque era falta todo golpe contrario... Para que más la pelota resurtiese se desnudaban y se quedaban con sólo el Maxtlatl, que eran los paños de la puridad, y se ponían un cuero muy estirado y tieso sobre las nalgas..." (Torquemada, pp. 552-553.)

4. El Señor "... y también traía consigo buenos jugadores de pelota que jugaban en su presencia, y por el (bando) contrario otros principales, y ganábanse oro y *chalchihuites* y cuentas de oro y turquesas, y esclavos y mantas ricas y *máxtles* ricos y maizales y casas, y grebas de oro y ajorcas de oro y brazaletes hechos con plumas ricas, y pellones de pluma y cargas de cacao". (Sahagún, p. 459.)

jun.—*uno.* Número que usaban en varios nombres.

JUNAJPÚ.—*Un cerbatanero.* 1. Hermano de Xbalamqué. Fueron hijos de Jun Junajpú y de Xquic. La doncella los concibió con la saliva que la calavera de Jun Junajpú escupió en la palma de su mano. (43-45) (v. XQUIC 2.)

2. Junajpú tiró un bodocazo a Zipacná y lo botó al suelo. (20)

3. Junajpú hizo un mosquito con un pelo de su cara para que fuera a picar a los Señores de Xibalbá y lograr que éstos dijeran sus nombres. (81, 82)

4. Por orden de los Señores de Xibalbá, el murciélago llamado Camasotz cortó la cabeza a Junajpú. (90)

5. Junajpú fue descuartizado y vuelto a la vida por Xbalamqué en Xibalbá. (101)

6. Cuando murieron los dos muchachos fueron puestos el uno por Sol y el otro por Luna. (102)

7. (páginas donde figuran los dos muchachos: 18-23, 27-29, 30-32, 45, 52-102.)

JUNAJPÚ COY.—*El mono de Junajpú.* Canción que Junajpú e Xbalamqué cantaron y tocaron con sus flautas y tambores para atraer a sus hermanos convertidos en micos. (55)

JUN BATZ.—*Un hilado.* Hermano de Jun Chowen, hijos de Jun Junajpú e Xbaquiyaló. (33) (v. Jun Chowen y Jun Junajpú.)

JUN CAME.—*Uno muerte.* Junto con Wukub Camé eran los jefes de los Señores Principales de Xibalbá. Eran grandes jueces y los demás Señores los asistían y servían. (36, 49, 83, 98)

JUN CHOWEN.—*Uno que está en orden.* Jun Batz era su hermano, fueron convertidos en micos por haberse ensoberbecido y por haber maltratado a sus hermanos Junajpú e Xbalamqué. (33-35, 52-58) (v. JUN BATZ.)

JUN JUNAJPÚ.—*Uno, un tirador con cerbatana.* Hermano de Wukub Junajpú. Fueron hijos de Xpiyacoc e Xmucané. Fue padre de Jun Batz y Jun Chowen con Xbaquiyaló. (33) También fue padre de Junajpú e Xbalamqué con Xquic. (42-45) (v. Xmucané 1, Jun Batz, Jun Chowen, Xbaquiyaló, Junajpú 1, Xquic 2.) (Mencionado en pp. 33-47.)

JURAKÁN.—*Un pie.* Llamado también Corazón del Cielo, *Uc'ux Caj,* Corazón de la Tierra, *Uc'ux Ulew.* Tenía tres manifestaciones: CACULJA JURAKÁN, CHIPI CALCUJA y RAXA CACULJA. Así eran tres el Corazón del Cielo. (4, 30, 44, 109, 164)

K'AQUIX.—1. *La guacamaya* (lit.: *pluma roja).* Forma parte del nombre WUKUB K'AQUIX, *Siete guacamaya* (18) y del nombre K'AQUIXAJA, *Agua de guacamaya,* mujer de Iquí Balam (108)

2. Junajpú e Xbalamqué tomaron dos plumas de la cola de la guacamaya y las colocaron en la punta de los ocotes para hacer creer que los tenían ardiendo cuando se encontraban prisioneros en la Casa Oscura. (85) (v. Casa Oscura.)

3. *Ara macao, Ara ararauna,* son las especies más conocidas, la roja, y la azul con plumas amarillas. Tienen un pico enorme, cola larga y colores brillantes.

K'AQUIXAJA.—*Agua de guacamaya.* Una de las cuatro primeras mujeres que fueron creadas. Era la mujer de Iquí Balam. No tuvieron hijos. (108, 144, 166) (v. Iquí Balam, K'aquix 1.)

K'UCUMATZ.—*Serpiente quetzal.* (Del quiché *k'uk'* quetzal y *cumatz* culebra, serpiente). 1. *Creador y Formador.* (3, 103, 104, 109)

2. "Padre y Madre de todo lo que hay en el agua, estaba en suma

claridad adornado y oculto entre plumas verdes (que son las de los quetzales de las que usaban los Señores por Majestad y Grandeza) y así se llama K'ucumatz *Culebra fuerte y sabia* por su grande sabiduría y entendimiento y también se llama aqueste Dios CORAZÓN DEL CIELO, porque está en él y en él reside". (Ximénez, 1929, p. 7.)
3. K'ucumatz, jefe de los quichés de la cuarta generación, podía convertirse en serpiente, águila, jaguar o sangre coagulada. (152-155)
4. "*Gucumatz*, serpiente cubierta de plumas verdes, de *guc*, en maya *kuk*, plumas verdes, quetzal por antonomasia, y *cumatz*, serpiente; es la versión quiché de Kukulcán, el nombre maya de *Quetzalcoatl*, el rey tolteca, conquistador, civilizador y dios de Yucatán durante el período del Nuevo Imperio Maya". (Recinos, PV, p. 86, nota 3.)
5. Náhuatl: *quetzalli*, pluma fina.

K'UK'.—*El quetzal, Pharomachrus mocinno mocinno De la Llave*, es el nombre científico para designar el quetzal guatemalteco, nuestra ave nacional, emblema de la libertad. Habita regiones frías de 6 000 a 10 000 pies de altura sobre el nivel del mar. Debido a que por su belleza ha sido víctima de continua persecución ha buscado refugio en selvas densas. Vive en árboles muy altos y come frutas, sobre todo el llamado *aguacatillo*. El macho es magnífico: las plumas de la cola, cabeza, pecho y parte superior del cuerpo son azul y verde iridiscentes. Las plumitas que cubren el abdomen y la parte interior de la cola son rojas. Las plumas de la cola tienen hasta tres pies de largo. La hembra es inferior en belleza.

K'UMARCAJ.—1. Una de las capitales de los quichés.
2. "...llamado también Utatlán. K'umarcaj (las antiguas cabañas de cañas) cuyas ruinas se pueden ver cerca de Santa Cruz del Quiché". (Carmack, p. 24.)

lechuza.—(v. PUJUY.)

león.—El león americano se llama *puma*. (v. COJ.)

libro.—1. Mención del libro antiguo y original del Popol Wuj el que ya no se entiende. (1)
2. El libro en el que constaba todas las historias del Quiché se ha perdido. (166)

lodo.—El hombre fue hecho de lodo cuando los Creadores y Formadores estaban ensayando a hacerlo. (9) (v. creación del hombre 2.)

loro.—(v. QUELETZU.)

luciérnagas.—Junajpú e Xbalamqué colocaron luciérnagas en las puntas de sus cigarros para fingir que los tenían encendidos cuando se encontraban en la Casa Oscura. (85) (v. Casa Oscura.)

luna.—1. La luz del sol y de la luna estaba turbia cuando se ensoberbeció WUKUB K'AQUIX. (18)
2. Antes que hubiera sol y luna nacieron Jun Junajpú y Wukub Junajpú en la oscuridad de la noche. (33)
3. Junajpú e Xbalamqué subieron al cielo y el uno fue puesto por sol y el otro por luna. (102)

llanto.—1. La gente de las tribus y sus Ajawab lloraron copiosamente cuando abandonaron Tulán. (119)
2. Balam Quitzé, Balam Ak'ab, Majucutaj e Iquí Balam quemaron *pom* y se fueron bailando hacia el lugar donde el sol aparecía y derramaban dulces lágrimas de felicidad. (12)
3. Los primeros cuatro hombres que fueron creados comenzaron a cantar, llorando suavemente, la canción llamada Camacú, cuando se

despidieron de sus mujeres e hijos antes de su desaparición. (144) (v. CAMACÚ.)

lluvias.—1. El Corazón del Cielo envió gran cantidad de resina y una lluvia oscura, lluvia de noche, lluvia de día, para anegar a los hombres de madera. (12)

2. El primer fuego que creó Tojil se empapó y apagó por una lluvia acompañada de granizo. (115)

3. La gente de las tribus iba siguiendo las huellas de los Sacrificadores cuando principió a llover y había tanto lodo que no pudieron terminar la búsqueda. (129)

MAJUCUTAJ.—*No acepillado.* Uno de los cuatro primeros hombres que fueron creados de maíz. Su mujer fue Tzununija. Fundadores de la Casa del Ajaw Quiché. (105, 107, 143, 145, 166)

maíz.—(v. IXIM.)

matasano.—1. Fruta que había en abundancia en Paxil y Cayalá. (104)

2. Fruta que comían los Señores Principales cuando estaban en oración y debían guardar ayuno. (163) (v. jocote, zapote.)

3. *Casimiroa edulis Llave et Lexarza* de la familia de las *rutáceas.*

materia.—1. Vocablo que casi ya ha perdido su significado; se empleaba para designar el *pus.*

2. Para llegar a Xibalbá había que atravesar un río de materia. (81)

3. Ajalk'aná y Ajalpuj, Señores de Xibalbá, producían materia en las piernas de los hombres. (83)

maxtate.—1. Náhuatl: *maxtlatl.*

2. "Prenda de ropa masculina consistente en una faja ancha, ceñida a la cintura y con los extremos pendientes por delante y por detrás de la persona". (Sahagún, vocabulario, p. 934.)

3. En Guatemala la palabra *maxtate* designa los pañales, para uso de los bebés, doblados en forma de triángulo y pasados por las entrepiernas para formar una especie de calzón.

mecapal.—1. Banda de cuero crudo con las puntas amarradas a una cuerda, que usan los que acarrean grandes bultos para cargarlos con la espalda colgados de la frente.

2. Náhuatl: *mecapalli.*

3. "Sostén de cuerda". Implemento hecho de cuerdas que se apoya en la frente, para soportar cargas a la espalda, aún usado con el aztequismo "mecapal". (Sahagún, vocabulario, p. 935.)

mensajeros.—(v. TUCUR.)

mico.—(v. COY.)

miel.—1. En Paxil y Cayalá había miel. (104)

2. Los primeros cuatro hombres llevaban de comer panales de miel, tábanos y avispas a sus mujeres e hijos. (124)

milpa.—1. La milpa es el terreno sembrado de maíz.

2. Jun Batz y Jun Chowen sembraron milpa, lo mismo que Junajpú e Xbalamqué. (50, 51, 59-71)

mosquito.—(v. XAN.)

morro.—(v. jícara.)

MOTZ.—(v. CUATROCIENTOS MUCHACHOS.)

murciélago.—(v. SOTZ.)

música.—Jun Junajpú enseñó música a sus hijos Jun Batz y Jun Chowen. (33) (v. instrumentos de música.)

NACXIT.—Gran Señor que gobernaba en el Oriente y quien dio los títulos de Señorío a Imperio a los hijos de los primeros jefes quichés. (146)

nance.—1. Wukub K'aquix tenía un árbol de nance a donde subía todos los días a comer de su fruta. (19)

2. Fruta que había en Paxil. (104)

3. *Byrsonima cotinifolia, Byrsonima crassifolia,* de las *malpighiaceas.*

NIC'AJ TAK'AJ.—1. Nombre de la divinidad quiché cuyo ídolo sacó Iquí Balam de Tulán. (113)

2. "Diosa de la llanura". (Carmack, p. 67.)

NIJAIB.—Una de las Casas Grandes Quichés, descendientes de Balam Ak'ab y Chomijá. (142, 148, 151) (v. Balam Ak'ab, CHOMIJA.)

nixtamal.—Maíz semicocido con cal (antiguamente con ceniza) para que al lavarlo se desprenda la cascarilla. Se muele ya limpio en la piedra de moler.

obsidiana.—1. También se le conoce con el nombre de *chay.*

2. La Casa de las Navajas de Chay (u obsidiana) estaba cubierta por éstas y rechinaban unas contra otras. (40, 86) (v. Casa de las Navajas de Chay.)

ocote.—1. Son las astillas resinosas de pino que sirven a los indígenas para alumbrarse. La especie que más utilizan es el *Pinus hartvegii* al que llaman *pino de ocote.*

2. Náhuatl: *ocotl;* quiché: *chaj.*

3. Los Señores de Xibalbá enviaron ocote y cigarros a Jun Junajpú y Wukub Junajpú para que los mantuvieran encendidos durante la noche en la Casa Oscura y al mismo tiempo devolverlos enteros, sin quemarse, al día siguiente. Fueron vencidos. (39)

4. Junajpú e Xbalamqué, cuando estaban en la Casa Oscura, también recibieron ocote y cigarros para mantenerlos encendidos. Pusieron colas de guacamaya en los ocotes y luciérnagas en los cigarros por lo que no los quemaron y así no fueron vencidos (85, 86)

5. "Era desconocido el uso de las candelas para el alumbrado nocturno, usábanse en su lugar rajas largas y delgadas del pino resinoso llamado *ocotl,* ocote, el cual producía una luz roja y gran cantidad de humo. No es extraño ver aún usar este procedimiento en algunos pueblos indígenas". (Alvarado Tezozómoc, p. 252, nota 6.)

olla.—1. Las ollas les reclamaron a los hombres de madera el ponerlas sobre el fuego, lo que les causaba mucho dolor. (13, 14)

2. La olla es un trasto de barro cocido en donde se cuece la comida. Hay de diferentes formas, según su uso.

ORIENTE.—1. Los cuatro primeros hombres hechos de maíz se multiplicaron en el Oriente, aún en el tiempo de las tinieblas, antes que el sol aclarase y hubiese luz. (109)

2. Lugar de donde salieron las tribus para buscar tierras que sembrar. (118)

3. Los cuatro Ajawab, llamados Los Venerados vinieron del Oriente, del otro lado del mar. (145)

4. Los hijos de los Ajawab regresaron al Oriente de donde habían venido sus padres. (146)

pájaros.—1. Antes de la Creación no había... pájaros. (3)

2. El pájaro fue creado para guardián de los montes. (5)

3. Los Creadores les designaron casa y habitación a los pájaros. (7)

4. Los Creadores mandaron a los pájaros que los invocaran. (8)

5. Junajpú e Xbalamqué cazaban pájaros e invitaron a Cab Rakán a ir con ellos para derribar un alto monte al que no podían llegar. En el camino asaron un pájaro echándole tierra blanca y se lo dieron a Cab

Rakán por lo que éste fue vencido al perder sus fuerzas a causa del pájaro. (30-32)

6. Junajpú e Xbalamqué tenían la obligación de cazar pájaros para que comieran sus hermanos. (52-54)

palo de sangre.—(v. árbol de sangre.)

palo de sembrar.—(v. estaca de sembrar.)

paloma torcaz.—(v. XMUCUR.)

panal de miel.—(v. miel.)

papel.—1. Los indígenas tenían... "y librillos de un papel de corteza de árbol que llaman *amate* y en ellos hechos sus señales del tiempo y de cosas pasadas..." (Díaz del Castillo, t. II, p. 359.)

2. En el presente es imposible analizar el material utilizado en los Códices porque todos están encuadrados en vidrio. (Códice Peresianus, Graz, Austria.)

3. El papel de los Códices Mayas existentes fue preparado con la corteza fibrosa interna del árbol del higo montés, conocido en Guatemala con el nombre de *amate*. (Ficus.)

4. Se conocen nueve especies de *ficus*, los dos más conocidos son el *Ficus cotinifolia* y el *Ficus padifolia*. (Codex Dresdensis, Graz-Austria.)

5. "El lienzo en que pintaban eran telas de pita o del hilo de la palma silvestre que llaman *icxotl*, pieles de animales bien curtidas y papel, que era lo más común. Hacían el papel de pencas de maguey, las cuales echaba a podrir en agua como el cáñamo y después las lavaban, extendían y alisaban. Hacíanlo también de la palma *icxotl*, de cortezas sutiles de otros árboles, que unían y preparaban con cierta goma y, finalmente, de algodón, aunque ignoramos el beneficio que le daban... Hacían el papel en piezas muy largas y angostas que conservaban enrolladas como las membranas antiguas de Europa o plegadas a manera de nuestros biombos". (Clavijero, pp. 248-249.)

6. Náhuatl—*amati:* papel.

PATAN.—*Mecapal*. Señor Principal de Xibalbá, compañero de Xic. El oficio de ambos consistía en causar las muertes repentinas de los que mueren por los caminos echando sangre por la boca, y su oficio de cada uno era cargarlos y aporrearles el corazón cuando morían por los caminos y darles cursos de sangre. (83) (v. mecapal, Señores del Infierno.)

pataxte.—1. Una de las semillas señaladas al ratón, para comer, por Junajpú e Xbalamqué. (71)

2. En Paxil y Cayalá había pataxte en abundancia. (104) (v. Paxil 1.)

3. *Theobroma bicolor*. Una especie de cacao de Centroamérica. Sus semillas son usadas como las del cacao pero son menos apreciadas. (v. cacao 2.)

patio del juego de pelota.—1. En Copán... "consistía en un callejón con tres marcadores, los lados inclinados y los templos a cada lado..." (Thompson, lámina 6a.)

2. "...Un juego parecido al basketball se jugaba en estos patios. Sin embargo, en lugar de canastas en los dos extremos del patio, había dos anillos de piedra, cada uno insertado en medio de cada una de las paredes que se enfrentaban..." (Morley, 1947, p. 326; 1961, p. 361.)

3. "Su disposición y forma era hacer una calle de dos paredes gruesas, más anchas de abajo que de arriba; porque subían en forma más angosta las dichas paredes y así ensanchaba el juego en lo alto de ellas.

Los que más tenían eran de largo veinte brazas y otros menores y en algunas partes estaban almenados... Eran las paredes más altas a los lados que a las fronteras. Para jugar mejor teníanlas muy encaladas y lisas y en el suelo. Ponían en las paredes de los lados unas piedras como de molino con su agujero en medio que pasaba a la otra parte, por donde apenas cabía la pelota" (Torquemada, t. II, p. 553.)

4. "El juego de la pelota se llamaba *tlaxtli* o *tlachtli* que eran dos paredes que había entre la una y la otra veinte o treinta pies, y serían de largo hasta cuarenta y cincuenta pies; estaban muy encaladas las paredes y el suelo, y tendrían de alto como estado y medio y en medio del juego estaba una raya que hacía el propósito del juego; y en el medio de las paredes, en la mitad del trecho del juego, estaban dos piedras como muelas de molino agujeradas por medio, frontera la una de la otra y tenían sendos agujeros tan anchos que podía caber la pelota por cada uno de ellos. Y el que metía la pelota por allí ganaba el juego..." (Sahagún, p. 459.)

5. Jun Junajpú y Wukub Junajpú jugaban en su patio del juego de la pelota y los Ajawab de Xibalbá los oyeron. (36)

6. Junajpú e Xbalamqué jugaron a la pelota en el patio de juego de sus padres. Cuando fueron a Xibalbá jugaron en el patio del juego de pelota de los Ajawab. (75, 86, 88, 90, 94, 95) (v. pelota, hule, juego de pelota, instrumentos del juego de pelota.)

PAXIL.—1. Paxil y Cayalá era una hermosa tierra llena de muchas mazorcas de maíz amarillo y blanco, pataxte, cacao, zapotes, anonas, jocotes, nances, matasanos, miel y alimentos de todas clases, grandes y chicos, plantas grandes y pequeñas. (104)

2. De Paxil y Cayalá vinieron las mazorcas amarillas y las mazorcas blancas del maíz con que fue hecha la carne y sangre del hombre. (104) (v. XMUCANE 10.)

3. Los cuatro animales que manifestaron a los Creadores que el maíz se encontraba en Paxil y Cayalá, fueron: el gato de monte, el coyote, la cotorra y el cuervo. (v. YAK, UTIW, QUEL, JOJ.)

pecarí.—(v. AK.)

pelota.—1. Jun Junajpú y Wukub Junajpú se entretenían jugando a la pelota en su patio de juego y los Ajawab de Xibalbá los oyeron. (36)

2. Los muchachos Junajpú e Xbalamqué jugaron con la pelota en el patio de juego de sus padres y los Señores de Xibalbá también los oyeron. (75)

3. Los muchachos estaban jugando con la pelota cuando llegó el gavilán con el mandado de la abuela. (78)

4. Los Señores de Xibalbá jugaron a la pelota con los dos muchachos en el patio o campo de juego. (86, 88, 94, 95)

5. (v. hule, patio del juego de pelota, juego de pelota, instrumentos del juego de pelota.)

6. "19. Esta pelota, como la habrán visto algunas personas, es tan grande como una pequeña bola de jugar a los bolos. Llámese la materia de esta pelota "hule" lo cual en nuestro castellano he oído nombrar por este nombre "batel", lo cual es una resina de un árbol particular que, cocida, se hace como unos nervios. Es muy tenida y preciada de éstos, así para las medicinas de enfermos, como para sacrificios. Tiene una propiedad, que salta y repercute hacia arriba y anda sal-

tando de aquí para allá, que primero cansa que la tomen los que andan tras ellas". (Durán, p. 208, t. I.)

7. (El Señor) "4. Otras veces por su pasatiempo jugaba a la pelota y para esto teníanle sus pelotas de *ulli;* estas pelotas eran tamañas como unas grandes pelotas de jugar a los bolos (y) eran macizas, de una cierta resina que se llamaba *ulli,* que es muy liviana y salta como pelota de viento, y tenían de ellas cargo algún paje". (Sahagún, p. 459.)

8. "... de este *ulli* hacían sus pelotas que aunque pesadas y duras para la mano, eran muy propias para el modo con que las jugaban: votaban y saltaban tan livianamente como pelotas de viento y mejor porque no tenían necesidad de soplarlas... podíanle dar siempre que hacía bote y hacía muchos uno tras otro, tanto que parecía cosa viva. (Torquemada, p. 553, t. II.)

penitencias.—(v. sacrificios.)

perro.—(v. TZ'I'.)

pescado.—(v. CAR.)

petate.—1. Estera que los indígenas tejen del junco llamado *tul* o *tule.* Los llaman *petate tul.*

2. Náhuatl: *petatl: petate; tolin: tule, tul.*

3. "5. *Los que hacen esteras.* El que es oficial de hacer esteras tiene muchas juncias u hojas de palma, de que hace los petates, y para hacerlos primero extiende los juncos en algún lugar llano para asolearlos y escoge los mejores y pónelos en concierto; y de los petates que vende unos son lisos, pintados y otros son de hojas de palma... 6. Vende también unas esteras de juncias gruesas y largas, unos de estos petates son bastos y ruines y otros lindos y escogidos entre los demás; de los petates unos son largos y anchos, otros cuadrados y otros largos y angostos, otros pintados". (Sahagún, pp. 572-573.)

piedras de moler.—1. Les dijeron a los hombres de madera: "Ustedes nos atormentaron, ahora los golpearemos" cuando aquéllos fueron castigados por el Corazón del Cielo. (13)

2. Piedras especiales en las que los indígenas muelen el maíz para hacer la masa de las tortillas. (v. jolí, jolí...)

pintura.—1. Jun Junajpú les enseñó el arte de pintar a sus hijos Jun Batz y Jun Chowen. (34)

2. En la antigüedad los pintores, cantores y flauteros invocaban a Jun Batz y Jun Chowen. (58)

3. Tojil, Awilix y Jacawitz aconsejaron a Balam Quitzé, Balam Ak'ab y Majucutaj que pintaran sus semejanzas en los lienzos que iban a dar a las doncellas. (132)

4. Los hijos de los cuatro primeros Jefes trajeron del Oriente el arte de pintar y escribir. (146)

5. "Los colores que empleaban en sus pinturas, que eran muchos y bellísimos, los sacaban de la madera y hojas de varias plantas, de flores, de frutas y de tierras minerales". (Clavijero, p. 249.)

6. "Los colores que obtenían eran: el oro ocre, siena tostado, rojo carmesí, azul turquesa, verde oliva, gris y negro". (Carmack, p. 97.)

7. "No causaba menos admiración (ni de presente deja de causarla) la mucha cantidad y diferencia que vendían de colores, que hacían de hojas de rosas, de frutas, flores, raíces, cortezas, piedras, madera y otras cosas". (Torquemada, p. 558, t. II.)

piojo.—1. La Abuela Xmucané envió un piojo a dar el mandado de los Señores de Xibalbá a Junajpú e Xbalamqué. (75)
2. Los muchachos sacaron el piojo que estaba trabado en los dientes del sapo y le ordenaron darles el mandado enviado por la Abuela Xmucané. (80)

pito.—(v. tzité.)

pizote.—(v. ZIZ.)

platos.—Trastes que se rebelaron contra los hombres de madera cuando fueron castigados por UC'UX CAJ, El Corazón del Cielo. (13)

pom.—1. La abuela Xmucané quemó *pom* en medio de la casa cuando las cañas que Junajpú e Xbalamqué dejaron sembradas en señal de su existencia, reverdecieron después de haberse secado. (102)
2. Balam Quitzé, Balam Ak'ab, Majucutaj e Iquí Balam quemaron *pom* cuando salió el sol. (121)
Los Señores Principales quemaban *pom* cuando hacían sus oraciones y penitencias. (162)
4. En Guatemala se le conoce con el nombre de *copal,* del náhual: *copalli.* Quiché: *pom.*
5. *Euphorbia heterophylla.* Resina que usan los indígenas como incienso en sus ceremonias religiosas.

PUJUY.—*La lechuza.* 1. Baile de Junajpú e Xbalamqué en Xibalbá. (97)
2. *Atrix flammea.*

puma.—(v. COJ.)

QUEL. *La Cotorra.* 1. Uno de los cuatro animales que revelaron a los Formadores y Hacedores dónde se encontraba el maíz para hacer la carne del hombre. (104) (v. XMUCANÉ 10, JOJ, UTIW, YAK, PAXIL 3.)
2. Pertenece al orden de las *psitáceas.*

QUELETZU.—*El loro.* 1. Primer animal que cantó cuando salió el sol. (120)
2. Pertenece al orden de las *psitáceas.*

quetzal.—(v. K'UK'.)

QUICHÉ.—1. Las historias de los Quichés se narran en el libro POPOL WUJ. (1, 166)
2. Los cuatro hombres que fueron nuestros primeros padres y las cuatro mujeres de donde descendemos nosotros los quichés, son: Balam Quitzé y Cajá Paluná, Balam Ak'ab y Chomijá, Majucutaj y Tzununijá. Iquí Balam y K'aquixajá no tuvieron descendencia. (105-108, 166)
3. Las parcialidades de los quichés eran: la de Tamub, la de Ilocab y la del Ajaw Quiché. Estas tres parcialidades tuvieron por dios a Tojil cuando salieron de Tulán. (114)
4. las Casas Grandes de los quichés eran: La Casa de Cawec descendiente de Balam Quitzé y Cajá Paluná; La Casa de Nijaib que descendía de Balam Ak'ab y Chomijá; la Casa de Ajaw Quiché que descendió de Majucutaj y Tzununijá. (141-143, 148, 151)
5. Los pueblos se ganaron debido a la grandeza del Reino Quiché y a las maravillas que obraban sus Ajawab. (152)
6. La nación quiché era una de las ramas que descendía del tronco maya y era una de las más poderosas y civilizadas de Centroamérica.

QUICRE.—Uno de los Señores de Xibalbá a quién Junajpú e Xbalamqué saludaron por haberles revelado su nombre de Xan, el Mosquito. Su compañero era Quicrixk'ak'. (83) (v. XAN 2.)

QUICRIXK'AK'.—(v. QUICRE.)
QUICXIC.—(v. XIC.)
QUIEJ.—*El venado*. 1. Uno de los animales creados para ser guardianes de los bosques. (5, 6)
2. Uno de los animales que Junajpú e Xbalamqué intentaron coger. (69, 70)
3. Los Sacrificadores buscaban las hembras de los venados y de los pájaros para ofrecérselos a sus ídolos. (122)
4. El Señor de los Venados, símbolo de despedida, se apareció a los cuatro primeros hombres cuando llegó el término de sus días. (145)
5. *Odocoileus virginianus*.
6. Náhuatl: *mazatl*.
QUIK'AB.—Poderoso Señor de la 6ª generación de la Casa de Cawec. Gobernó con su adjunto Cawisimaj. (156, 160)
RABINAL.—1. Tribu que se unió a los Quichés cuando salieron de Tulán (114)
2. Quik'ab y Cawisimaj vencieron a los de Rabinal. (157)
ratón.—(v. CHO.)
RAXA CACULJÁ.—*Verde rayo o Rayo muy hermoso.* Tercera manifestación del Corazón del Cielo. (4) (v. JURAKÁN.)·
roza.—1. La roza es un terreno al que se le ha cortado la maleza y los árboles que después se queman, para preparar la tierra para la siembra de maíz u otros cultivos.
2. Junajpú e Xbalanqué hicieron su roza, pero al día siguiente los árboles y bejucos habían revivido y estaban como antes de ser cortados. (60-66)
Sacrificadores y Adoradores.—Se refieren a Balam Quitzé, Balam Ak'ab, Majucutaj e Iquí Balam. (125, 127, 128, 130)
sacrificios.—Los quichés practicaban sacrificios y penitencias para servir a sus dioses:
1. Sacrificaban su sangre a Tojil, sacada de su costado y sobaco. (117)
2. Se horadaban las orejas y los codos atravesándoselos con palos y espinas y esta sangre era la señal de su agradecimiento hacia los dioses. (118)
3. Practicaban ayunos y la abstinencia con sus mujeres. (119)
4. Los Ajawab sacrificaban los venados hembras y las hembras de los pájaros a sus ídolos. (122)
5. Los Sacrificadores ofrecían a Tojil la sangre de la garganta de los animales. (123)
6. Los Sacrificadores plagiaban a los habitantes de los pueblos y su sangre se la ofrecían a los ídolos. (125)
7. Los Adoradores sacrificaban a la gente que robaban de los caminos y ofrecían su sangre a Tojil, Awilix y Jacawitz. (128, 129)
8. En Izmachí creció la costumbre de sangrarse delante del dios. (150)
9. Los Ajawab hacían sacrificios por la felicidad de sus vasallos: ayunaban, practicaban la abstinencia con sus mujeres, hacían penitencias y oraciones ante el dios y le quemaban *pom*. (162)
10. En el tiempo de los ayunos y penitencias comían frutas y no probaban tortillas. (163)
11. En señal del dominio que tenían sobre sus vasallos los Señores practicaban el ayuno, estaban en oración de día y de noche, llorando y pidiendo el bien de sus vasallos. (163)

12. Los Señores Principales compraban la claridad y buenos sucesos, y el mando y señorío por medio de la oración, el ayuno y penitencia que hacían. (165)

saliva.—(v. XQUIC.)

sangrarse.—1. "El acto de sangrarse y escarificarse jugó un papel principal entre los ritos religiosos. La sangre la sacaban de las orejas, especialmente de los lóbulos, la nariz, la frente, las mejillas, los labios inferiores, los codos, brazos, caderas y piernas y las partes privadas. La sangre así obtenida, como también la de las víctimas sacrificadas, tanto humanas como animales, era salpicada generosamente en sus ídolos". (Morley, 1947, p. 218.) (1961, p. 246,)

2. "Los instrumentos para perforar y cortar que usaban en estos ritos de sangrarse eran: el hueso de la trompa del pez-espada, el garfio de la raya, columna del pescado, espinas del árbol de jícara y cuchillos y hojas hechas de obsidiana, huesos y conchas de moluscos". Morley, 1947, p. 218.) (1961, p. 246.)

3. "Los días de las fiestas hacían en lo alto de las orejas, con una navaja de piedra negra, de que ya hemos hablado, un agujero por el cual metían y sacaban una caña tan gruesa como el dedo de la mano, y tan larga como un brazo, y por las lenguas metían y sacaban unas pajas, agujereando las lenguas por medio y atravesándolas; otros con las puntas de maguey se punzaban y pasaban y todo lo que desto salía ensangrentado ofrecían a su dios, poniéndoselo delante...

"Hacían en sí mismos un sacrificio horrendo y nunca otro jamás imaginado: cortaban y hendían su miembro genital entre cuero y carne, y hacían tan grande abertura que por ella pasaba una soga tan gruesa como el brazo y de largo según la devoción y esfuerzo del penitente..." (Fray Bartolomé de las Casas, p. 93.)

4. "Tenían por costumbre que se sacrificaban las frentes y las orejas, lenguas y labios, los pechos y brazos y molledos y las piernas y aun sus naturas y en algunas provincias eran retajados y tenían pedernaels de navajas con que se retajaban". (Bernal Díaz del Castillo, t. II, p. 358.)

sangre.—El nombre Xquic significa *sangre*. 1. Al mandato de Xquic los mensajeros Tucur picaron un árbol del que salió un líquido rojo como la sangre. (48, 49) (v. árbol de sangre.)

2. Jun Junajpú y Wukub Junajpú, en su camino a Xibalbá, llegaron a un río de sangre y pasaron por él sin beber. (36)

3. Junajpú e Xbalamqué pasaron encima de sus cerbatanas atravesadas sobre el río de sangre, en su camino a Xibalbá. (81)

4. Los pueblos ofrecieron su sangre a Tojil, sacada de su costado y sobaco. (117)

5. Los Señores ofrecían su sangre a los dioses en señal de agradecimiento. (118)

6. Cuando los Sacrificadores ponían la sangre de la garganta de los animales en la boca del ídolo, éste hablaba. (123)

7. Los Adoradores ofrecían la sangre de la gente a Tojil, Awilix y Jacawitz. (128)

8. El Ajaw K'ucumatz, gran jefe de los Quichés, se convertía en sangre coagulada durante siete días. (155)

sapo.—(v. TAMAZUL.)

SEÑORES DEL INFIERNO.—Los Ajawab de Xibalbá, los Señores del Infierno, eran: Jun Camé y Wukub Camé, Xiquiripat y Cuchumaquic,

Ajalpuj y Ajalk'aná, Ajalmez y Ajaltok'ob, Chamiabak y Chamiajolom, Quicxic y Patán, Quicré y Quicrixk'ak' y por último Jolomán. (83) (v. XIBALBÁ.)

serpiente.—1. Uno de los primeros animales formados por los Creadores como guardianes de los bosques. (5)
2. K'ucumatz, gran jefe de los Quichés, podía transformarse en serpiente durante siete días. (152)

Siete Barrancas.—(v. Tulán.)

Siete Cuevas.—(v. Tulán.)

sol.—1. (v. luna.)
2. Al despedirse de Tulán las tribus que emigraron lloraron y velaron por la estrella que tenían por señal de la salida del sol. (119)
3. Cuando vieron salir el lucero, anuncio y guía del sol, muy alborozados quemaron *pom* que habían traído del Oriente. (120)
4. Alegráronse todos los animales, las aves extendieron sus alas y todos dirigieron sus miradas hacia donde nace el sol. (121)
5. Gran alegría hubo entre los animales chicos y grandes cuando salió el sol. (120)
6. Los cuatro primeros hombres quemaron *pom* y, bailando, se dirigieron hacia donde nacía el sol, derramando lágrimas de contento y dulzura. (121)
7. Las tribus estaban en el cerro Jacawitz cuando salió el sol. (122)
8. Cuando salió el sol se volvieron piedra los ídolos de Tojil, Awilix y Jacawitz. (121)

SOTZ.—*El murciélago.* 1. Estos animales poblaban en abundancia uno de los lugares de tormento de Xibalbá, la Casa de los Murciélagos. (40)
2. Uno de los Murciélagos, llamado Camasotz, le cortó la cabeza a Junajpú. (90) (v. CAMASOTZ.)
3. Hay varias especies de murciélagos como los voladores y los perjudiciales, del género *Sturnira*. Los vampiros, *Desmodus rotundus murinus*, viven desde el Norte de México hasta Panamá.

tabaco.—1. Jun Junajpú y Wukub Junajpú quemaron sus cigarros de tabaco cuando estuvieron en la Casa Oscura, lugar de tormento en Xibalbá, y por ello fueron vencidos. (39, 41)
2. Junajpú e Xbalamqué, para vencer esta prueba, pusieron una luciérnaga en la punta de cada uno de sus cigarros para aparentar que se estaban quemando. (85, 86) (v. ocote.)
3. *Nicotiana tabacum*, de la familia de las *solanáceas*. Produce la nicotina, alcaloide líquido incoloro que se ennegrece por la acción del aire; tiene consistencia aceitosa. La nicotina produce adición y es tóxica.

tabanco.—1. Parte de la casa que queda entre el techo y las vigas.
2. Jun Junajpú y Wukub Junajpú escondieron los instrumentos del juego de la pelota en el tabanco de su casa. (36)
3. El ratón reveló a los dos muchachos Junajpú e Xbalamqué dónde se encontraban los instrumentos del juego de pelota que sus padres habían escondido en el tabanco de su casa. (71, 74)

tábanos.—1. Balam Quitzé, Balam Ak'ab, Majucutaj e Iqui Balam les llevaban tábanos, avispas y panales de miel a sus mujeres e hijos para que comieran. (124)
2. Majucutaj pintó la semejanza de tábanos y avispas en el paño que dio a las doncellas que fueron enviadas por los pueblos a seducir a Tojil, Awilix y Jacawitz. (132, 133)

3. Los Señores Balam Quitzé, Balam Ak'ab, Majucutaj e Iquí Balam pusieron tábanos y avispas entre cuatro tecomates, como armas de combate. (136)

4. Para vencer a los pueblos que los atacaban los cuatro Señores destaparon los tecomates y salieron los tábanos y avispas a picar a toda la gente de las tribus enemigas, por lo que fueron vencidas. (138)

5. *Tabanus bovinus, Tabanus autumnalis.* Tienen una trompa punzante con la que pican a los mamíferos, atormentándolos con la agudeza de sus picaduras. Como en el caso de los mosquitos, son las hembras las que chupan la sangre.

TAMAZUL.—1. Nombre del sapo que encontró el piojo cuando llevaba el mandado de la abuela Xmucané a los dos muchachos. (75-80)

2. Náhuatl: *tamazollin,* el sapo; quiché: *Xpec,* sapo.

3. Es un *batracio.*

4. "Hay sapos en esta tierra como los de España y llámanlos *tamazolin* por la torpedad con que andan y saltan, andando poco a poco y parándose muchas veces". (Sahagún, p. 650.)

TAMUB.—Una de las parcialidades quichés que salieron de Tulán. (114)

TAP.—*El cangrejo.* 1. Al principio de la existencia no había... cangrejos. (3)

2. Zipacná comía sólo pescado y cangrejos. (28)

3. Los dos muchachos hicieron un gran cangrejo para engañar a Zipacná. (28, 29) (v. ZIPACNÁ.)

tapixcar.—1. Hacer la cosecha de maíz o cortar maíz. También se aplica la palabra para indicar la cosecha de otros cultivos.

2. Xmucané envió a Xquic a tapizcar una red de maíz a la milpa de sus nietos Jun Batz y Jun Chowen. (50-51)

tecolote.—(v. TUCUR.)

tecomate.—1. Los cuatro priferos Jefes guardaron tábanos y avispas entre tecomates y los usaron como armas de combate contra las tribus sublevadas. (136, 138)

2. *Legenaria clavata, Legenaria vulgaris,* de la familia de las *cucurbitáceas.* Los indígenas usan los tecomates para llevar atole o cualquier otra bebida, caliente o fría, pues conservan la temperatura por largo tiempo.

tenamastes.—1. Las tres piedras que ponen los indígenas en el fuego para sostener comales, ollas y demás trastos.

2. Los tenamastes se sublevaron contra el hombre de madera por quemarlos en el fuego. (14)

TEPEW.—Uno de los dioses Creadores y Formadores. (3, 103, 104, 109).

tierra.—(v. ULEW.)

tinaja.—1. Las tinajas denigraron y maltrataron a los hombres de madera cuando fueron castigados por el Corazón del Cielo. (13)

2. Junajpú e Xbalamqué enviaron a Xan, el mosquito, para horadar la tinaja de Xmucané para que ésta se retardara llenándola de agua y ellos tuvieran tiempo de encontrar los instrumentos de juego de la pelota, escondidos en el tabanco de la casa y que el ratón les reveló dónde se encontraban. (72-74)

3. La tinaja es un jarro de barro cocido que les sirve a las indígenas para acarrear el agua, la que se conserva fresca.

TOJIL.—1. El primer dios en salir de Tulán fue Tojil y su ídolo lo cargó Balam Quitzé en un cacaxte a sus espaldas. (110)

2. Las parcialidades de los Quiché, de Tamub y de Ilocab acompañaron a Tojil por ser su dios. (114)

3. Las tribus no tenían entonces fuego y Tojil lo creó y se los dio. No supieron cómo lo creó porque cuando lo vieron ya brillaba y alumbraba. (114)

4. Este fuego lo apagó un aguacero con granizo. Tojil creó de nuevo el fuego restregando y dando vueltas dentro de su *caite*. (115) (v. *caite*.)

5. Los cakchiqueles robaron el fuego donado por Tojil, protegidos por el humo, porque no quisieron someterse a los quichés. (116)

6. Los pueblos se sometieron a los quichés y accedieron a ser sacrificados a Tojil a cambio de que les dieran fuego. (117)

7. Tojil les dijo a los Señores allá en el Oriente: "Aquí no es vuestra patria, vamos a buscar dónde hemos de sembrar". (118)

8. Cuando salió el sol se volvieron piedra los ídolos de Tojil, Awilix y Jacawitz. (121)

9. Los Adoradores sacrificaban los animales y ponían la sangre en la boca de Tojil y la piedra hablaba. (123)

10. Los Sacrificadores robaban a la gente en los caminos y ofrecían su sangre a Tojil, Awilix y Jacawitz. (128)

11. Los pueblos enemigos de los Sacrificadores determinaron ganarse la voluntad de Tojil, Awilix y Jacawitz enviando a unas doncellas a seducirlos. (130-133)

12. Tojil aconsejó a Balam Quitzé, Balam Ak'ab, Majucutaj e Iquí Balam que pusieran tábanos y avispas entre cuatro tecomates para servirles en la defensa de su pueblo. (136, 138)

13. La casa del dios se llamaba La Gran Casa de Tojil y allí le llevaban tributos los Señores y los pueblos, cuando llegaban a ver al Ajaw. (161)

14. Tojil era el dios de la lluvia y patrón de la guerra y del sacrificio. (Carmack, pp. 67, 110.)

tomatal.—1. Xbalamqué llamó un conejo y le dijo: "Anda, ve al patio del juego de pelota y escóndete en el tomatal que allí está y cuando el hule de la pelota salte para allá, sal corriendo". (95) (v. IMUL 2.)

2. *Solanum lycopersicum*. Planta del Brasil, México y Antillas de donde pasó a España y el mundo entero.

tortillas.—1. Los Señores Principales no podían comer tortillas cuando estaban en oración y guardaban ayuno. (163)

2. Torta delgada y pequeña hecha de maíz semicocido con cal y hecho masa en la piedra de moler. Se tortean con las manos y terminan de cocerse sobre los comales. Junto con los frijoles constituyen el alimento cotidiano de los indígenas de Guatemala. (v. nixtamal, comales 2, frijoles 2.)

tortuga.—(v. COC.)

TUCUM BALAM.—Animal que les quebró los nervios y los huesos y se los hizo harina a los hombres de madera cuando fueron castigados por el Corazón del Cielo. (13)

TUCUR.—*El tecolote*. 1. Los Ajawab Tucur, los Señores Tecolotes, fueron mensajeros de los Señores de Xibalbá. (36, 46, 49, 75)

2. Xquic les señaló su oficio a los tecolotes: "Vuestro oficio consistirá en anunciar la muerte". (48)

3. Náhuatl: *tecolotl.*

4. Pertenecen a la familia de los *estrigidas,* géneros *bubo* y *otus.*

5. "Con el búho, que llaman *Tetcolot,* y con la lechuza tienen generalísima aversión, porque discurren y creen que cuando alguna de estas aves nocturnas según su naturaleza, que en aquella casa donde canta la miserable ave (o porque busca la caza de que alimentarse, o porque es natural cosa en ella cantar de noche) ha de morirse alguna persona, y por esta necia y ridícula credulidad la persiguen y acechan hasta matarla, o de no, persisten en su diabólica creencia". (Fuentes y Guzmán, t. I, p. 295.)

TULA o TULÁN.—Llamada también SIETE BARRANCAS y SIETE CUEVAS. Ciudad de donde salieron las tribus que emigraron a Guatemala. (110, 119)

tzité.—*El pito.* 1. Los adivinos Xpiyacoc e Xmucané hicieron sus suertes con los frijoles rojos del pito, *tzité,* y granos de maíz para saber si el hombre de madera saldría bien. (10)

2. La carne del hombre de palo fue hecha de la madera del *tzité.* (11)

3. *Erythrina rubrinervia.* Los zajorines todavía hacen sus adivinanzas con los frijoles rojos de sus vainas.

TZIQUINAJA.—Uno de los pueblos que emigró junto con los Quichés y salieron con ellos de Tulán. (114)

TZUNUNIJA.—*Agua de gorriones.* Mujer de Majucutaj y una de las primeras mujeres que fueron creadas. (107, 166) (v. Majucutaj.)

TZ'I'.—*El perro.* 1. Animales que se rebelaron contra el hombre de madera cuando fue castigado por el Corazón del Cielo. (13, 14)

2. Junajpú e Xbalamqué descuartizaron un perro y volvieron a resucitarlo en una de las pruebas de magia en Xibalbá. (99)

3. Según Fuentes y Guzmán los "perros mudos y buenos para comer" a que se refiere Bernal Díaz del Castillo, eran los tepescuintles. Indudablemente había varias clases de perros como lo demustran los dibujos de los Códices Mayas, que los representan. (En este texto véanse las páginas 14, 59, 99.)

ULEW.—*La tierra.* 1. Los Creadores ordenaron a los grandes animales y a los pequeños animales, a los grandes pájaros y a los pequeños pájaros que habitaran Ulew, la Tierra. (7)

2. Jun Junajpú le dijo a la doncella Xquic que subiera a Ulew, la Tierra, para no perecer. (44)

3. Xquic y los Mensajeros, los Tucur, subieron a Ulew, la Tierra, dejando engañados a los Señores de Xibalbá. (48, 49)

4. aL palabra *ulew,* la tierra, es parte de uno de los nombres dados a JURAKÁN: UC'UX ULEW, Corazón de la Tierra. El nombre ZACULEW quiere decir *Tierra Blanca.* (JURAKÁN, ZACULEW.)

UC'UX CAJ.—*Corazón del Cielo.* Uno de los nombres dados a Jurakán (véase).

UC'UX ULEW.—*Corazón de la Tierra,* otro nombre de Jurakán (véase).

UTIW.—*El coyote.* 1. Uno de los animales que se escaparon de Junajpú e Xbalamqué cuando intentaron cogerlos. (70)

2. Uno de los cuatro animales que manifestaron a los Creadores y Formadores que en Paxil se encontraba el maíz blanco y el maíz amarillo para hacer la carne del hombre. (104) (v. Paxil 3, yak, joj, quel.)

3. Los Sacrificadores imitaban el grito de los coyotes para amedrentar a la gente. (125)
4. *Canis latrans.*
5. Náhuatl: *coyotl.*
6. "El cóyotl o coyote, como le llaman los españoles, es una fiera semejante en la voracidad al lobo, en la astucia a la zorra, en la figura al perro... Es menor que el lobo y de la magnitud de un mastín. Tiene los ojos amarillos y centelleantes, las orejas pequeñas, puntiagudas y paradas, el hocico algo negro, las piernas fuertes, los pies armados de uñas gruesas y corvas y la cola gruesa y peluda. El color de su piel es variada de pardo, negro y blanco. Su voz participa del aullido del lobo y del ladrido del perro". (Clavijero, p. 24-25.)

venado.—(v. QUIEJ.)

víbora.—1. Uno de los animales creados por los Hacedores y Formadores para ser guardianes de los montes. (5)
2. Es una culebra venenosa.

WAC.—*El gavilán.* 1. Se tragó a la culebra de nombre Zaquicaz cuando ésta iba a darles el mandado de la Abuela Xmucané a Junajpú e Xbalamqué. (77, 78) (v. cerbatana 5.)
2. *Accipiter nisus.*

WUCH.—*La camodreja.* (v. C'UCH 2.)

WUKUB.—*Siete.* Forma parte de los nombres Wukub Junajpú, Wukub K'aquix, Wukub Camé.

WUKUB CAME.—*Siete muerte.* (v. Jun Camé.)

WUKUB K'AQUIX.—*Siete guacamaya.* El primero de los soberbios. Por mandato del Corazón del Cielo fue castigado y vencido por Junajpú e Xbalamqué. (18-23, 29, 30) (v. Chimalmat, Cab Rakán, Zipacná.)

WUKUB JUNAJPÚ.—*Siete tirador con cerbatana.* Hermano de Jun Junajpú (véase). (33, 36, 39, 41)

XAN.—*El mosquito.* 1. Por mandato de los dos muchachos, Xan el Mosquito, horadó la tinaja de la abuela Xmucané para que no se llenara de agua. (73)
2. Junajpú hizo a Xan, el Mosquito, de un pelo de su cara y lo envió a picar a los Señores de Xibalbá para averiguar sus nombres. (81, 82)
3. Junajpú señaló su comida al Mosquito: "De ti será el chupar al sangre de los hombres, y tu comida, en los caminos". (82)
4. *Anofeles maculipennis.* Se distinguen diferentes variedades, algunas de las cuales son peligrosos vectores del paludismo.

XBALAMQUÉ.—1. (v. JUNAJPÚ 1, 5, 6, 7.)
2. Xbalamqué talló la cabeza de Junajpú en la concha de una tortuga. (92) (v. COC.)
3. Xbalamqué le aconsejó a un conejo que se hiciera pasar por la pelota de hule. (95)
4. Xbalamqué cortó a Junajpú en pedazos y lo devolvió a la vida. (101)

XBAQUIYALÓ.—*Huesos atados.* Mujer de Jun Junajpú. Madre de Jun Batz y Jun Chowen. Murió cuando sus hijos fueron convertidos en micos. (33)

XIBALBÁ.—Ximénez lo traduce como *El Infierno.* (36-49, 75, 80-102, 110)

XIC.—*Gavilán.* 1. Ximénez lo escribe también Quicxic. Señor de Xibalbá, compañero de oficio de Patán. (83) (v. PATÁN.)

2. Es un ave de presa, *Spizaetus tyrannus,* es el gavilán negro que puede llegar a medir 24 pulgadas.

XIQUIRIPAT.—Señor de Xibalbá, compañero de Cuchumaquic. (83) (v. CUCHUMAQUIC.)

XMUCANÉ.—1. Esposa de XPIYACOC. Fueron padres de Jun Junajpú y Wukub Junajpú. Sus nietos fueron Jun Batz y Jun Chowen, Junajpú e Xbalamqué. (33, 50-53, 55-57, 62, 63, 72-75, 80, 102, 104)
2. Xmucané e Xpiyacoc fueron consultados como zajorines por los Creadores y Formadores para saber si los hombres de madera hablarían. (9, 10) (v. tzité, zajorines.)
3. Xmucané ordenó a Xquic tapixcar una red de maíz como prueba de que era su nuera. (50, 51)
4. Xmucané tenía preferencia por sus nietos Jun Batz y Jun Chowen y maltrataba a Junajpú e Xbalamqué. (52)
5. Xmucané se rió tanto al ver a Jun Batz y Jun Chowen convertidos en micos, que los ahuyentó y ya no regresaron. (55-57)
6. Xmucané les llevó su comida al mediodía a Junajpú e Xbalamqué, cuando estaban preparando el campo para su milpa. (62-63)
7. Xmucané trató de llenar de agua la tinaja horadada por Xan, el Mosquito, pero no pudo, hasta que sus nietos Junajpú e Xbalamqué taparon el agujero. (72-74)
8. Xmucané envió un piojo a sus nietos Junajpú e Xbalamqué para que les diera el mandato de los Señores de Xibalbá. (75)
9. Xmucané quemó *pom* en medio de la casa, frente a las cañas que Junajpú e Xbalamqué sembraron en señal de su existencia. (102)
10. Xmucané molió el maíz amarillo y el maíz blanco e hizo nueve bebidas con las que los Creadores formaron la carne y sustancia de los cuatro primeros hombres. (104) (v. Paxil.)

XMUCUR.—*La tórtola.* A esta paloma torcaz le recomendaron Junajpú e Xbalamqué las avisara la llegada de su abuela, cuando les llevara la comida al mediodía. (62)
2. *Streptopielia turtur, Columba turtur.* En el plumaje domina el gris por encima y el blanquesino en el pecho.

XPIYACOC.—Esposo de Xmucané. (v. XMUCANÉ 1, zajorín 1.)

XQUIC.—*Sangre.* 1. El padre de la doncella era Cuchumaquic, uno de los Señores Principales de Xibalbá. (43)
2. La calavera de Jun Junajpú escupió un chisguete de saliva en la mano derecha de Xquic y por esa saliva concibió a Junajpú e Xbalamqué. (43-52) (v. JUN JUNAJPÚ.)

XTAYUL.—Señor Principal, adjunto de Cotujá, de la IV generación de la Casa de Cawec. (148)

XTZUL.—*El ciempiés.* 1. Baile de Junajpú e Xbalamqué en Xibalbá. (97)
2. Los indios bailaban esta danza en la que uno que bailaba se ponía un cuchillo en la boca; danzaban con unas caretillas y daban vueltas alrededor, al son de conchas de tortuga.
3. El ciempiés es un *miriápodo* del género *escolopendra.*

YAK.—*Gato de monte.* 1. Uno de los animales que no se dejó coger por Junajpú e Xbalamqué. (70)
2. Uno de los animales que manifestó a los Creadores y Formadores dónde se encontraba el maíz blanco y el maíz amarillo para que sirvieran de carne del hombre. (104) (v. PAXIL 3, UTIW 2, QUEL, JOJ.)

3. *Urocyon cineoargenteus.*

ZACULEW.—*Tierra Blanca.* Una de las tribus que se alzaron contra Quik'ab y que fue vencida junto a los de Rabinal y los Cakchiqueles. (157)

zajorín.—1. Xpiyacoc e Xmucané eran zajorines o adivinos. Xpiyacoc era *ajtzité.* el que trabaja con el *tzité.* Xmucané era *ajk'ij,* la que lleva la cuenta de los días. (9, 10) (v. XPIYACOC, XMUCANÉ 2, tzité 1.)
2. En la actualidad, los zajorines o adivinos se llaman *ajk'ij* en quiché, compuesto de *aj,* el que trabaja, *k'ij* día o sol. Colocan los frijoles rojos del *tzité* en una manera especial y hacen sus adivinaciones utilizándolos en combinación con la cuenta de los días de su calendario de 260 días, que son veinte por mes. No han perdido la cuenta de los días desde la antigüedad, antes de la venida de Alvarado a Guatemala.

ZANIC.—*Las hormigas.* 1. Acarrearon retazos del pelo y uñas de Zipacná para engañar a los CUATROCIENTOS MUCHACHOS. (25, 26)
2. Cortaron las flores del jardín de Xibalbá bajo las órdenes de Junajpú e Xbalamqué. (86)
3. *Acromirmex lundi,* hormiga que corta las hojas de los árboles. Las más grandes miden de 7 a 9 milímetros, las más pequeñas de 2 a 4 milímetros.

zapote.—1. Fruta que abundaba en Paxil y Cayalá. (104)
2. Fruta que les era permitido comer a los Señores Principales cuando estaban en oración y debían guardar ayuno. (163) (v. matasano, jocote.)
3. *Calocarpum mammosum.* Pertenecen a la orden de las *zapótidas,* de las que hay varias familias como las *ebenáceas* y las *zapotáceas.*
4. Náhuatl: *tzapotl.*

ZAQUIC.—Una de las Casas Grandes de los quichés. (151)

ZAQUICAZ.—Así se llamaba la culebra que se tragó el sapo de nombre Tamazul cuando éste iba corriendo a dar el mensaje de la abuela a Junajpú e Xbalamqué. (76-79)

zibaque.—1. Meollo del *tul,* junco con el que los indígenas hacen *petates* o esteras, que llaman *petate tul.*
2. De *zibaque* fue hecha la carne de la mujer cuando los Creadores formaron al hombre de madera. (11)

ZIPACNÁ.—Hijo primero de Wukub K'aquix y Chimalmat, otro de los grandes soberbios. Hacía los montes en una noche. (18, 24-29, 102)

ZITAL.—*Las avispas.* (v. tábanos 1, 2, 3, 4.)

ZIZ.—*El pizote.* 1. Uno de los animales que no se dejó coger por Junajpú e Xbalamqué. (70)
2. Uno de los animales que acudió al llamado de Xbalamqué para que escogiera de cuál de ellos haría la cabeza de Junajpú. (91)
3. *Nasua narica.*
4. Náhuatl: *pitzotl.* En otros países le llaman *coatí.*

zompopos.—(v. ZANIC.)
zopilote.—(v. C'UCH.)

¿POR QUÉ...

1. *...el hombre se come a los animales?*

Los Creadores formaron los animales en el primer intento de formar al ser que los mantedría vivos cuando los invocase y adorase como a sus Padres y Madres. Los animales intentaron saludar y alabar a los Creadores y Formadores, pero no pudieron articular palabra, por lo que fueron condenados a ser muertos y comidas sus carnes. (9)

2. *...cuando el zopilote extiende sus alas en la noche, se dice que ya va a amanecer?*

Xbalamqué estaba labrando la cabeza de Junajpú de la concha de la tortuga, cuando vio que estaba aclarando. Le ordenó al Zopilote que oscuriese la mañana y él lo hizo abriendo sus alas y, aunque cuatro veces amaneció, cuatro veces oscureció el Zopilote extendiendo sus alas. Así ahora, al abrir el Zopilote sus alas cuando todavía está oscuro, se tiene como señal de que amanece. (93)

3. *...el venado y el conejo tienen cortas las colas?*

Junajpú e Xbalamqué estaban encondidos tratando de atrapar los animales que estaban arruinando su roza. Un venado y un conejo pasaron apareados, los muchachos los quisieron coger y los asieron de las colas que se rompieron y se les quedaron en las manos, y por eso son pequeñas las colas del venado y del conejo. (69-70)

4. *...el ratón tiene los ojos saltados y la cola pelona?*

Junajpú e Xbalamqué intentaron asir los animales que les estaban dañando su roza, pero sólo pudieron atrapar el ratón y apretándole el pescuezo querían ahogarlo y le chamuscaron la cola al fuego; esa es la causa de que los ratones tengan los ojos saltados y no tengan pelo en la cola. (71)

5. *...la culebra come sapos?*

Tamazul, el Sapo, se tragó el piojo que llevaba el mandado de la abuela a los muchachos. Ya iba cansado cuando lo encontró Zaquicaz, la Culebra, que le dijo:
"¿A dónde vas, Tamazul?"
"Voy a hacer un mandado y lo llevo en mi vientre".
"Veo que vas cansado y que no puedes caminar. Ven acá, te tragaré y con eso llegarás más pronto".

Esto dijo la culebra y tragóse el sapo. Desde entonces la culebra tiene los sapos por comida y sustento. (75-76)

6.   ...el gavilán come culebras?

Iba corriendo la culebra Zaquicaz su camino con Tamazul, el Sapo, en su vientre cuando ya cansada encontró a Wac, el Gavilán, el cual se la tragó y llevó rápidamente a donde estaban los muchachos jugando a la pelota. Desde entonces estos pájaros tienen por alimento las culebras que se deslizan por el campo. (77)

7.   ...el tecolote avisa la muerte?

Los tecolotes eran los mensajeros de los Señores de Xibalbá y por mandato de éstos llevaron a la doncella Xquic para arrancarle el corazón que sería quemado por los Señores. Xquic les dijo: "No me matéis, pero vuestro oficio será desde ahora anunciar la muerte. Mi corazón no ha de ser quemado delante de los Ajawab. En su lugar echad en la jícara el líquido rojo como sangre que arrojare este árbol". (48)

8.   ...el mosquito chupa la sangre de los hombres y ése es su alimento?

Camino a Xibalbá los muchachos Junajpú e Xbalamqué se encontraron en la encrucijada de cuatro caminos. Junajpú se arrancó un pelo de su cara e hizo con él a Xan, el Mosquito, y lo despachó para que fuera a averiguar el nombre de los Señores. Le dijeron: "Anda, ve y muerde a todos los Señores que están sentados y desde ahora tu comida será la sangre que chupes de los que picares en el camino". (81)

9.   ...existe la costumbre de sembrar cañas y quemarles pom en medio del patio de la casa?

Los muchachos Junajpú e Xbalamqué fueron a despedirse de su abuela y de su madre para ir a Xibalbá y sembraron unas cañas en el patio de su casa como señal de su existencia. Cuando ellos murieron en Xibalbá, Xmucané lo supo porque las cañas se secaron y ésta fue la causa del llanto de la abuela. Cuando resucitaron, las cañas retoñaron y mucho se alegró la abuela, por lo que quemó pom en medio de la casa y desde entonces quedó esta costumbre. (80, 102)

10.   ...las navajas de chay cortan las carnes?

Los mensajeros de los Señores de Xibalbá llevaron a los dos muchachos a la Casa de las Navajas de chay donde éstas rechinaban unas contra otras de tantas que había. Los muchachos dijeron a las navajas: "A cambio de que no nos toquéis a vosotras tocará herir todas las carnes del mundo". (86)

BIBLIOGRAFÍA

ALVARADO TEZOZÓMOC, Hernando (s. XVI). *Crónica Mexicana. Códice Ramírez*, México, Ed. Porrúa, S. A., 1975. 2a. ed. 712 pp. (Biblioteca Porrúa Nº 61.)

BASSETA, Fray Domingo. *Vocabulario de lengua quiché.* Manuscrito. 1698.

CABRERA, Ángel. *Zoología pintoresca.* Barcelona, Ramón Sopena, 1954.

CARMACK, Robert M. *Historia social de los quichés.* Guatemala, Ed. "José de Pineda Ibarra" del Ministerio de Educación, 1979. 455 pp. (Seminario de Integración Social Guatemalteca Nº 38.)

CLAVIJERO, Francisco Javier. *Historia Antigua de México.* México. Ed. Porrúa, S. A., 1964. 621 pp. (Colección "Sepan Cuantos... Nº 29.)

CÓDICE RAMÍREZ (anónimo). (En: *Crónica Mexicana* por Alvarado Tezozómoc.)

CÓDICE CORTESIANUS. Copia número 1 de la edición de 500 ejemplares numerado, impreso en Madrid en 1892. Copia fotocromolitográfica.

— DRESDENSIS (Dresde Codex). Codices Selecti, vol. LIV, Graz, Austria, 1975. (Phototypice impressi.)

— DRESDENSIS. GATES, William. *The Dresden Codex.* Reproduced from tracings of the original. Colorings finished by hand. Baltimore, 1932. (Maya Society Publication Nº 2.)

— PERESIANUS. Manuscrit hiératique des Anciens Indiens de L'amérique Centrale conservé a la Bibliotheque Nationale de Paris. Avec une introduction par Léon de Rosny. Seconde edition imprimée en noir. Paris, 1888.

— PERESIANUS (Codex Paris). Codices Selecti, vol. IX. Graz, Austria, 1968. (Phototypice impressi.)

— TROANO. Brasseur de Bourbourg, Charles Etienne. Étude sur le système graphique et la langue des mayas. Paris, 1869. Volume premier. 367 pp.

— TROANO. Publicado por la "Junta de Relaciones Culturales" del Ministerio Español de Relaciones Exteriores. Madrid (sin fecha).

— TRO-CORTESIANUS (Códex Madrid). Códices Selecti, vol. VIII. Graz, Austria, 1967. (Phototypice impressi.)

CÓDICES MAYAS. Reproducidos y desarrollados por J. Antonio Villacorta y Carlos A. Villacorta, 2ª ed. Guatemala, 1977. 450 pp.

CONTRERAS R., J. Daniel. *Breve Historia de Guatemala,* con ilustraciones y un mapa de lugares arqueológicos. 2ª ed. Guatemala, Ministerio de Educación Pública, 1961.

DÍAZ DEL CASTILLO, Bernal. *Historia verdadera de la conquista de la Nueva España.* México, Ed. Porrúa, S. A., 1955. 2 t. (Biblioteca Porrúa, Núms. 6 y 7.)

DICCIONARIO DE ELEMENTOS FONÉTICOS EN ESCRITURA JEROGLÍFICA, por Roberto Barlow y Byron MacAfee. México, Universidad Autónoma, 1949.

Durán, Fray Diego (1537-1588). *Historia de las Indias de Nueva España e Islas de la Tierra Firme.* México, Ed. Porrúa, S. A., 1967. 2 t. (Biblioteca Porrúa, Núms. 36 y 37.)

Enciclopedia Labor. Barcelona, Editorial Labor, 1956.

Font Quer, P. *Diccionario de Botánica.* Barcelona, Editorial Labor, 1956.

Fuentes y Guzmán, Francisco Antonio. *Recordación Florida.* Edición conforme al códice del siglo XVII, cuyo original se conserva en el Archivo de la Municipalidad de Guatemala. Guatemala, Sociedad de Geografía e Historia, 1932-1933. 3 t. (Biblioteca Goathemala, vols. VI, VII, VIII.)

Guzmán, Pantaleón. Libro intitulado *Compendio en Lengua Cakchiquel,* en doce tratados. Manuscrito. 1704.

Hernández Spina, Vicente. *Apuntes del idioma Kiche.* Manuscrito. 1854.

Ibarra, Jorge A. *Apuntes de historia natural y mamíferos de Guatemala.* Guatemala, Ministerio de Educación Pública, 1957.

— *Historia Natural y Pronatura.* Revista Nº 4. Guatemala, 1966.

Landa, Fray Diego de (1524-1579). *Relación de las cosas de Yucatán.* México, Ed. Porrúa, S. A., 10ª ed. 1973. 252 pp. (Biblioteca Porrúa, Nº 13.)

Las Casas, Fray Bartolomé de (1475-1566). *Los Indios de México y Nueva España,* Antología. 2ª ed. México, Ed. Porrúa, S. A., 1971, 225 pp. (Colección "Sepan Cuantos..." Nº 57.)

Mata Gavidia, José. *Apuntes de Historia Patria Centroamericana.* Guatemala, Ed. Cultural Centroamericana, 1953.

Morley, Sylvanus Griswold. *The Ancient Maya.* California, Stanford University Press, 1947. 520 pp.

— *La Civilización Maya.* Versión española de Adrián Recinos, de *The Ancient Maya.* México, Fondo de Cultura Económica, 1961. 575 pp.

National Geographic Society (ed.). *Indians of the Americas.* Washington, 1955. 431 pp.

Popol Wuj:
1. *Empiezan las Historias de los Indios de Esta Provincia de Guatemala,* traducido de la lengua quiché en la castellana para más comodidad de los ministros del Santo Evangelio, por el R.P. F. Francisco Ximénez, cura doctrinero por el Real Patronato del pueblo de Santo Tomás Chilá. (Fotocopia del manuscrito original.)
2. *idem...* Paleografía bilingüe por Albertina Saravia E. 1962. Inédita.
3. *Historia de la Provincia de San Vicente de Chiapa y Guatemala,* compuesta por el R.P. F. Francisco Ximénez. Guatemala, Sociedad de Geografía e Historia, 1929-1931. 3 t. (Popol Wuj en pp.3-53, I tomo.) (Biblioteca Goathemala, 1, 2, 3.)
4. *Las Historias del Origen de los Indios de Esta Provincia de Guatemala,* traducidas de la lengua quiché al castellano por el reverendo padre Fray Francisco Ximénez... Exactamente según el texto español por el Dr. C. Scherzer. (Edición de Viena, 1857.) El Salvador, Ediciones de la Biblioteca Nacional, 1926.
5. Popol Vuh. *Le livre sacré et les mythes de l'antiquité Américaine,* avec les livres héroiques et historiques des Quichés. Par L'abbé Brasseur de Bourbourg. Paris, Arthur Bertrand, éditeur, 1861. 307 pp.

6. POPOL VUH O LIBRO SAGRADO. (Traducción del francés al español, traductor anónimo, del Popol Wuj del abate Charles Etienne Brasseur de Bourbourg.) MS. en el Peabody Museum, Cambridge, Mass.

7. *Los Dioses, los Héroes y los Hombres de Guatemala Antigua* o *El Libro del Consejo* POPOL VUH *de los Indios Quichés.* Trad. del quiché al francés por Georges Raynaud. Traducido del francés al español por Miguel Ángel Asturias y J. M. González de Mendoza. París, Editorial París-América, 1927. 147 pp.

8. POPOL VUH. *Las Antiguas Historias del Quiché.* Traducidas del texto original, con una introducción y notas por Adrián Recinos. México, Fondo de Cultura Económica, 1947. 296 pp.

9. POPOL VUH. *The Sacred Book of the Ancient Quiche Maya.* English version by Delia Goetz and Sylvanus Morley from the translation of Adrian Recinos. Norman, University of Oklahoma Press, 1950. 267 pp.

10. POPOL VUH. *Antiguas Historias de los Indios Quichés de Guatemala.* Ilustradas con dibujos de los Códices Mayas. Advertencia, versión y vocabulario de Albertina Saravia E. 14ª ed. México, Ed. Porrúa, S. A., 1981. (Colección "Sepan Cuantos..." Nº 36.)

11. POPOL VUH. *Ancient Stories of the Quiche Indians of Guatemala,* illustrated with drawings from the Mayan Codices. Adaptation, notes, vocabulary and English version by Albertina Saravia E. 2nd edition, revised. Guatemala, Ed. Piedra Santa, 1980.

12. POPOL VUH. *Das Heilige Buch der Quiché-Indianer von Guatemala,* von Dr. Leonhard Schultze Jena. Stuttgart und Berlin, Verlag von W. Kohlhammer, 1944. 314 pp.

ROJAS, Ulises. *Elementos de Botánica General.* Guatemala, Tipografía Nacional, 1925.

SAHAGÚN, Fr. Bernardino de (1490?-1590). *Historia General de las Cosas de Nueva España.* México, Ed. Porrúa, S. A. 1975, 3ª ed. 1093 pp. (Colección "Sepan Cuantos..." Nº 300.)

SANDOVAL, Lisandro. *Semántica Guatemalense o Diccionario de Guatmaltequismos.* Guatemala, Tipografía Nacional, 1942. 2 t.

THOMPSON, J. Eric S. *The Rise and Fall of Maya Civilization.* 2nd edition, enlarged, 3rd printing. Norman, University of Oklahome Press, 1970. 328 pp.

TORQUEMADA, Fr. Juan de. *Monarquía Indiana.* México, Ed. Porrúa, S. A., 1975, 5ª ed. 3 t. (Biblioteca Porrúa, Núm. 41, 42 y 43.)

VICO, Fr. Domingo. *Vocabulario quiché-cakchiquel* (atribuido a Vico). Manuscrito.

XIMÉNEZ, Fr. Francisco (véase: POPOL WUJ 1. *Empiezan las Historias de los Indios de esta Provincia de Guatemala...*) MS. en la Ayer Collection, Newberry Library, Chicago. (Véase: POPOL WUJ 3. *Historia de la Provincia de San Vicente de Chiapa y Guatemala...*)

— *Primera parte de el Tesoro de las lenguas cakchiquel, quiché y tzutuhil* en que las dichas lenguas se traducen en la nuestra española. Manuscrito en la Ayer Collection, Newberry Library, Chicago.

— *Arte de las tres lenguas cacchiquel, quiché y tzutuhil.* Manuscrito en la Ayer Collection, Newberry Library, Chicago.

POPOL WUJ

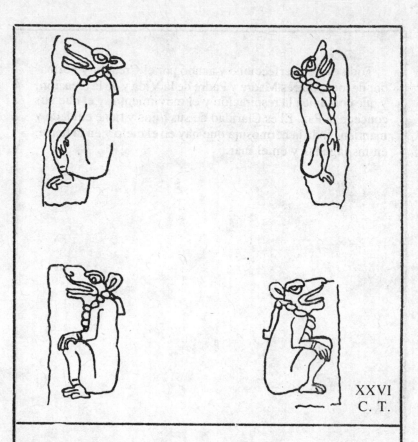

XXVI
C. T.

Este es el principio de las antiguas historias del Quiché donde se referirá, declarará y manifestará lo claro y escondido del Creador y Formador, que es Madre y Padre de todo.

Esto lo trasladamos en el tiempo de la Cristiandad porque, aunque tenemos libro antiguo y original de estas cosas, ya no se entiende.

Habiéndose echado las líneas y paralelas del cielo y de la tierra, se dio fin perfecto a todo, dividiéndolo en paralelos y climas. Todo puesto en orden quedó cuadrado repartido en cuatro partes como si con una cuerda se hubiera todo medido, formando cuatro esquinas y cuatro lados.

Todo esto se perfeccionó y acabó por el Creador y Formador de todo, que es Madre y Padre de la Vida y de la creación, y que comunica la respiración y el movimiento, y el que nos concede la Paz. El es Claridad de sus hijos y tiene cuidado y mantiene toda la hermosura que hay en el cielo y en la tierra, en las lagunas y en el mar.

Antes de la Creación no había hombres, ni animales, pájaros, pescados, cangrejos, árboles, piedras, hoyos, barrancos, paja ni bejucos y no se manifestaba la faz de la tierra; el mar estaba suspenso y en el cielo no había cosa alguna que hiciera ruido. No había cosa en orden, cosa que tuviese ser, si no es el mar y el agua que estaba en calma y así todo estaba en silencio y obscuridad como noche.

Solamente estaba el Señor y Creador, K'ucumatz, Madre y Padre de todo lo que hay en el agua, llamado también Corazón del Cielo porque está en él y en él reside. Vino su palabra acompañada de los Señores Tepew y K'ucumatz y, confiriendo, consultando y teniendo consejo entre sí en medio de aquella obscuridad, se crearon todas las criaturas.

Se manifestó la creación de los árboles y de la vida y de todo lo demás que se creó por el Corazón del Cielo, llamado Jurakán.

La primera manifestación de Jurakán se llamaba Caculjá Jurakán, El Rayo de Una Pierna. La segunda manifestación se llamaba Chipí Caculjá, El Más Pequeño de los Rayos. Y la tercera manifestación se llamaba Raxá Caculjá, Rayo Muy Hermoso.

Y así son tres el Corazón del Cielo.

Primero fue creada la tierra, los montes y los llanos; dividiéronse los caminos del agua y salieron muchos arroyos por entre los cerros y, en algunas y señaladas partes, se detuvieron y rebalsaron las aguas y de este modo aparecieron las altas montañas.

Después de esto dispusieron crear a los animales, guardas de los montes: al venado, al pájaro, al puma, al jaguar, a la culebra, a la víbora y al cantil.

Y les fueron repartidas sus casas y habitaciones.

XII
C. T.

—"Tú, venado", dijeron, "habitarás y dormirás en las barrancas y en los caminos del agua, andarás entre la paja y las yerbas, y en el monte te multiplicarás; andarás y te pararás en cuatro pies."

Y a los pájaros les fue dicho:

—``Vosotros, pájaros, estaréis y habitaréis sobre los árboles y bejucos, allí haréis casa y habitación y allí os multiplicaréis; os sacudiréis y espulgaréis sobre las ramas de los árboles.``

Y, tomando cada uno su habitación y morada conforme les había repartido el Creador, habitaron Ulew, la Tierra.

Y habiendo creado todos los pájaros y animales, les dijo el Creador:

—"Hablad y gritad según vuestra especie y diferencia; decid y alabad nuestro nombre; decid que somos vuestras Madres y Padres, pues lo somos. ¡Hablad, invocadnos y saludadnos!"

Pero aunque les fue mandado esto no pudieron hablar como los hombres sino que chillaron, cacarearon y gritaron.

Probaron a juntar las palabras y saludar al Creador, pero no pudieron; por lo que fueron ultrajados y desechadas sus carnes, y de esta suerte son comidos y muertos todos los animales que hay aquí sobre la tierra.

Y así trataron otra vez de hacer otras criaturas. Los dos Formadores hicieron un cuerpo de barro, pero era pesado, sin movimiento, y como el lodo estaba blando todo se desmadejaba. Hablaba, pero no tenía entendimiento y se deshacía en el agua.

Y viendo esto los Creadores, lo deshicieron y consultaron a los viejos adivinos Xpiyacoc e Xmucané, abuelos del Sol y de la Luna, cómo había de hacerse al hombre.

28. C.D.

Los adivinos echaron sus suertes con maíz y granos de tzité, el frijol rojo del pito, y dijeron:

—``¡Ea, Sol! ¡Ea, Luna! Júntense y declaren si sería conveniente que el Creador forme al hombre de madera y si es éste el que ha de ser sustentado después de ser formado. ¡Ea, habla Maíz! ¡Ea, habla tú, Tzité; tú, Sol; tú, Formadura! ¡Ea, Maíz! ¡Ea, Tzité!``

Y respondiendo el maíz y el tzité dijeron la verdad de este modo:

—``Hacedlo así, que así estará bien y hablará la madera en labrando al hombre de ella.``

Al punto fue hecha de madera la imagen del hombre. De tzité fue hecha la carne del hombre; de la mujer, zibaque fue su carne.

Se multiplicaron y tuvieron hijos e hijas, pero salieron tontos, sin corazón ni entendimiento. Anduvieron sobre la tierra sin acordarse del Corazón del Cielo.

No tenían agilidad en los pies y las manos estaban sin sangre ni humedad, tenían secas y pálidas sus mejillas, los pies amarillos y macilenta su carne.

Multiplicándose los hombres de madera sobre la tierra llegaron a ser muchos.

74
C. D.

Entonces el Corazón del Cielo castigó al hombre de madera.

Cayó una gran cantidad de resina de allá del cielo que los acabó y consumió.

Cayó una lluvia obscura, lluvia de día, lluvia de noche, sobre la cabeza del hombre de madera.

XXVI*
C. T.

Vino el pájaro Cotcowach y les sacó los ojos; otro que se llamaba Camalotz les cortó la cabeza; el animal llamado Cotzbalam les comió las carnes y el llamado Tucumbalam les quebrantó los huesos y los nervios y los hizo harina.

Todo esto fue en castigo y pena de haberse olvidado de sus Madres y Padres.

Y viniendo todo género de animales, palos y piedras, los empezaron a golpear y al hablar las piedras de moler, comales, platos, cajetes, ollas, perros y tinajas, los maltrataban y denigraban.

Les decían los perros y las gallinas: —"Muy mal nos tratasteis, nos mordisteis y comisteis, y asimismo os morderemos ahora."

Las piedras de moler les decían: —"Mucho nos atormentasteis, y toda la mañana y toda la tarde no nos dejabais descansar haciéndonos chillar *jolí, jolí, juquí, juquí,* cuando moléis maíz sobre nuestras caras; ahora probaréis nuestras fuerzas, moleremos vuestras carnes y haremos harina vuestros cuerpos."

Y los perros hablando les decían:

—"¿Por qué no nos dabais nuestra comida y sólo mirábamos cuando comíais? Nos arrojabais y siempre estaba prevenido un palo para nosotros. Nos tratabais de este modo porque no hablábamos. ¿Por qué no mirasteis por nosotros? Ahora probaréis nuestros dientes que tenemos en la boca y os comeremos."

Los comales y las ollas les hablaron de esta forma:

—"Dolor y pena nos disteis. Nos quemasteis nuestras bocas y rostros, siempre los teníamos tiznados y siempre puestos al fuego, nos quemasteis y abrasasteis y así ahora os quemaremos a vosotros."

Y los tenamastes o piedras en que se ponen las ollas al fuego les decían:

—"Siempre nos tuvisteis al fuego causándonos gran dolor; ahora os quebraremos la cabeza."

36 C. D.

Los hombres de madera trataron de salvarse de la inunda-
ción.

36. C. D.

Con esto andaban los hombres fuera de sí y sin sentido y andaban corriendo, desatinados. Quisieron subir sobre las casas, pero se les hundían y se venían abajo. Queriendo subir sobre los árboles los arrojaban de sí, y queriendo guarecerse en las cavernas y hoyos, se les cerraban.

XXV*
C. T.

Y así fueron destruidos todos estos hombres quedando sólo las señales de ellos, los micos, que andan ahora por los montes.

Por eso es que Coy, el Mico, se parece al hombre.

17

XXXIV*
C. T.

Había cielo y tierra, pero estaba turbia la luz del sol y de la luna.

Entonces uno llamado Wukub K'aquix se ensoberbeció por las riquezas que poseía.

Wukub K'aquix tenía dos hijos: Zipacná y Cab Rakán. La madre se llamaba Chimalmat.

El mayor se apropió los montes porque él los hacía en una noche y su hermano Cab Rakán los hacía estremecer y temblar. Por esto se ensoberbecieron los hijos de Wukub K'aquix.

Todos tres manifestaron su soberbia. Parecióles mal a los dos muchachos llamados Junajpú e Xbalamqué, por lo que dispusieron matarlos.

XXVIII
C. T.

Supieron los muchachos que.Wukub K'aquix sólo comía nances y que tenía un árbol a donde iba todos los días a coger de esta fruta para mantenerse. Tomando su cerbatana se fueron calladamente y se escondieron debajo del árbol, ocultos entre la hierba.

15. C. D.

Subió Wukub K'aquix sobre el árbol y Junajpú le tiró un bodocazo con la cerbatana dándole en la quijada, por lo que cayó al suelo dando de gritos.

44. C. D.

Viéndolo así Junajpú se agachó para cogerlo, pero Wukub K'aquix lo cogió de un brazo y se lo arrancó del hombro yéndose a su casa. Cuando llegó le dijo a su mujer:

—"Dos demonios me tiraron un bodocazo con una cerbatana y me desquiciaron las quijadas, todos los dientes se me menean y me duelen; pero aquí traigo el brazo de uno de ellos, cuélgalo al humo sobre el fuego, mientras vienen por él aquellos dos demonios."

Chimalmat, la mujer de Wukub K'aquix colgó el brazo de Junajpú al humo del fuego.

XXXIII*
C. T.

Junajpú e Xbalamqué consultaron entre sí sobre lo que debían hacer y resolvieron ir a consultar a dos viejos muy ancianos; era tanta la vejez de ambos que andaban jorobados. Yendo a ellos les dijeron:

—"Hacednos compañía a la casa de Wukub K'aquix para ir a traer el brazo de Junajpú, y emplead ardides para vencerlo."

—"Está bien", dijeron los viejos.

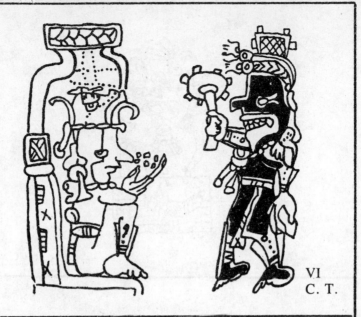

VI
C. T.

Wukub K'aquix estaba recostado en su trono, dando gritos del dolor de las muelas y los dientes, cuando pasaron delante de la casa los dos viejos y los muchachos jugando detrás de ellos. Wukub K'aquix los llamó para que le curaran los dientes y muelas, y los viejos se los sacaron y le pusieron unos de maíz blanco en su lugar, por lo que perdió su presencia de Señor. También le desollaron las niñas de los ojos y le quitaron sus adornos de plata, y con esto murió. Y murió también Chimalmat, mujer de Wukub K'aquix.

Los viejos colocaron el brazo de Junajpú en su lugar y despidiéndose de ellos, se fueron los dos muchachos, los cuales hicieron esto por mandato del Corazón del Cielo.

67 C. D.

Un día estaba Zipacná bañándose a la orilla de un río, cuando pasaron cuatrocientos muchachos con un gran trozo para pilar de su casa; casi no podían con él y Zipacná lo cargó él solo. A los muchachos les pareció peligrosa tanta fuerza y resolvieron destruir a Zipacná.

Le mandaron a hacer un hoyo profundo, pero como él oyó los planes para destruirlo, hizo entonces una cueva a un lado del hoyo, para salvarse. Cuando ya estaba profundo el hoyo los muchachos dejaron caer un gran tronco y Zipacná gritó cuando cayó, pero estaba metido en su cueva. Los muchachos se alegraron creyendo que había muerto Zipacná.

C. TC.

Muy alegres los cuatrocientos muchachos dijeron:
"Dispongamos hacer nuestra bebida de chicha, nuestra
bebida fermentada de maíz, para que al estar dispuesta de
aquí a tres días, celebremos nuestra hazaña cuando ya se
corrompa y hieda Zipacná; veremos si vienen las hormigas a
comerlo, así estaremos seguros y celebraremos nuestra fiesta
sin cuidado."

C. TC.

Oyendo esto Zipacná dentro del hoyo, se cortó las uñas y las puntas de los cabellos que las hormigas empezaron a acarrear hacia afuera. Al ver esta señal todos los cuatrocientos muchachos, al tercer día, empezaron a beber chicha, se emborracharon y quedaron sin sentido.

Zipacná salió del hoyo y derribó el rancho sobre ellos, a todos aporreó y a todos quitó la vida. Muertos de esta manera fueron puestos los cuatrocientos muchachos como estrellas en lugar de las Siete Cabrillas, que por eso se llaman Motz, montón.

Muy mal sintieron Junajpú e Xbalamqué la muerte de los cuatrocientos muchachos, tuviéronlo a desprecio en su corazón y así dispusieron quitarle la vida a Zipacná.

44 C. D.

Para llevar a cabo sus planes Junajpú e Xbalamqué hicieron una imagen de un cangrejo y lo pusieron en una cueva debajo de un gran cerro.

Haciéndose los encontradizos con Zipacná, le dijeron:

—"¿Cuál es tu comida, muchacho?"

—"Sólo pescado y cangrejos", respondió él, "pero hace tres días no como y no puedo aguantar ya el hambre."

—"Ven con nosotros, Zipacná, pues vimos un gran cangrejo en una cueva."

Al llegar a la cueva vieron el cangrejo que tenía muy colorada la concha.

Zipacná, muy alegre, dijo cuando lo vio: "Ya me lo quisiera comer porque estoy muerto de hambre." Se echó en el suelo y probó a entrar en la cueva, pues el cangrejo iba metiéndose para adentro. No le faltaba más que entrar las rodillas cuando se derrumbó el cerro y se quedó allí hecho piedra.

De esta manera fue vencido y muerto Zipacná, hijo mayor de Wukub K'aquix, por los muchachos Junajpú e Xbalamqué.

El otro que se ensoberbeció fue el hijo segundo de Wukub
K'aquix el cual se llamaba Cab Rákán. Viendo esta soberbia,
las Tres Manifestaciones de Jurakán dijeron a Junajpú e
Xbalamqué:
—"También sea destruido Cab Rakán."
Estaba éste meneando y estremeciendo los montes cuando
llegaron los dos muchachos y le dijeron:
—"Vimos un cerro y como es tan alto no pudimos coger
pájaro alguno. Nos podías ayudar derribándolo para que
podamos cazar allí muchos pájaros."
—"Lo echaré abajo", dijo Cab Rakán a este pedido.

—"Iremos contigo", dijéronle los muchachos, "y si hay pájaros en el camino les tiraremos con nuestras cerbatanas."

Sólo con el soplo de las cerbatanas, sin usar bodoques, caían los pájaros, de lo cual se maravillaba Cab Rakán. Siendo hora, pararon, sacaron fuego y se pusieron a asar los pájaros untándole tierra blanca a uno. Al dar vuelta a los asadores chorreaba la manteca y salía el olor y su fragancia, por lo que a Cab Rakán se le hacía agua la boca y le destilaba la baba del deseo de comer de aquellos pájaros. Le dieron el pájaro que estaba untado de tierra y él se lo comió para su destrucción y ruina.

XXXIV*
C. T.

Prosiguieron el camino y llegaron, al nacimiento del sol, donde estaba aquel gran monte. Cab Rakán estaba desmadejado y sin fuerzas a causa de la tierra que le untaron al pájaro y así no pudo derribar aquel monte. Los muchachos lo ataron de pies y manos y, arrojándolo al suelo, hicieron un hoyo y lo enterraron.

Este fue el modo con que fue vencido y muerto Cab Rakán.

XX
C. T.

Hemos de tratar aquí del nombre del padre de Junajpú e Xbalamqué. Fue Jun Junajpú, cuyos padres se llamaban Xpiyacoc e Xmucané. Nacieron Jun Junajpú y su hermano Wukub Junajpú en la oscuridad de la noche, antes que hubiera Sol y Luna, y antes que fuera creado el hombre.

Jun Junajpú tuvo dos hijos de Xbaquiyaló: Jun Batz y Jun Chowen.

Jun Junajpú era muy bueno y de muy buenas costumbres y enseñó a sus hijos música,

33

a pintar,

a entallar, a labrar piedras preciosas y a trabajar la plata.

En una ocasión en la que ya había muerto la madre de Jun Batz y Jun Chowen, Jun Junajpú y Wukub Junajpú se entretenían en jugar a la pelota de hule y los oyeron los Ajawab de Xibalbá, los Señores del Infierno. Jun Camé y Wukub Camé mandaron a llamarlos con sus mensajeros los Tucur, los Tecolotes.

Los señores de Xibalbá deseaban mucho ver los instrumentos de juego de Jun Junajpú y Wukub Junajpú, pero éstos los colgaron en el tabanco de su casa antes de irse con los mensajeros, los cuales los guiaron hacia Xibalbá, el Infierno, hasta que llegaron a un camino que se dividía en cuatro. El Camino Negro les dijo que cogieran por él y se dirigieron hacia donde estaban sentados los Señores esperándolos a ellos.

Al saludar a los Señores se dirigieron a los primeros que estaban sentados, los que no eran más que muñecos, y no respondieron. Empezaron a reírse los Señores y los invitaron a sentarse en unas bancas que eran asientos de piedra hirviendo y, sentándose, se quemaron por lo que daban vuelta de un lado a otro.

XVIII*
C. T.

De verlos así y de que habían caído en el engaño se rieron mucho los Señores y tanto llegaron a reírse que ya reventaban en sangre y les dolían los huesos.

XXV*
C. T.

Llevaron a Jun Junajpú y a Wukub Junajpú a una sala muy oscura y toda llena de tinieblas muy espesas. Les entregaron una raja de ocote y dos cigarros que les remitieron los Ajawab, los Señores, diciéndoles los portadores:

—"Dicen los Señores que os envían este tabaco y este ocote los que, después de mantenerlos ardiendo durante toda la noche, habéis de entregar enteros por la mañana."

Y aquí también fueron vencidos porque se acabaron el ocote y los cigarros que les dieron.

Muchos eran los castigos que tenían en Xibalbá, el Infierno:

El primero era aquella Casa Oscura, donde no había más que tinieblas.

El segundo era la Casa donde Tiritaban porque era mucho el frío que allí hacía.

El tercero era la Casa de los Jaguares, donde había sólo de estos animales y tantos eran que se estrujaban unos con otros.

El cuarto era la Casa de los Murciélagos, donde había infinitos de estos animales que volaban y chillaban.

El quinto era la Casa de las Navajas de Chay, de Obsidiana, muy agudas y afiladas que rechinaban unas con otras.

Habiendo amanecido llamaron los Señores a Jun Junajpú y a Wukub Junajpú y les preguntaron:

—"¿Dónde está el tabaco y el ocote que os mandamos?"

—"Se acabó todo, Señores", respondieron.

—"Ya se cumplieron vuestros días y habéis de morir", sentenciáronles los Ajawab de Xibalbá, los Señores del Infierno.

Fueron despedazados y sepultados y, cortándole antes la cabeza a Jun Junajpú, la mandaron poner en el camino en un horcón. Apenas fue puesta allí, el árbol fructífico; el fruto que dio lo llamamos ahora jícaras y llenándose todo el árbol de ellas ya no se supo cuál era la cabeza de Jun Junajpú.

Los del Infierno tuvieron por maravilla este árbol y mandaron que ninguno tocara el fruto.

XVII*
C. T.

Cierta doncella llamada Xquic, hija del Ajaw Cuchuma-quic, oyó contar cómo había fructificado aquel árbol seco y le entró curiosidad de ver el prodigio. Viendo el árbol cargado de fruto, díjose:

"No he de irme sin probar de este fruto, que no moriré por ello."

Pensándolo estaba cuando le habló la cabeza que estaba en el horcón del árbol y le dijo:

—"¿Por ventura deseas de todo corazón de esta fruta?"

—"Sí, deseo", contestó la doncella.

—"Pues extiende la mano derecha", dijo la calavera.

Xquic extendió la mano y le vino derecho un chisguete de saliva y mirándose ella la palma no vio cosa alguna. Díjole la calavera:

—"Esa saliva que te he arrojado es la señal de descendencia que de mí dejo. Anda, sube a la tierra y al mundo, y no morirás."

Esto fue así dispuesto y mandado por la sabudiría de Jurakán, de Chipí Caculjá y de Raxá Caculjá, que son el Corazón del Cielo.

Regresó la doncella a su casa y concibió, con solo aquella saliva, a dos muchachos que fueron Junajpú e Xbalamqué. Pasados seis meses reparó Cuchumaquic en su hija y juntando a consejo a todos los Ajawab, les dijo:

—"Esta mi hija ha procedido con deshonestidad."

El tribunal la condenó a que la llevaran lejos y le quitaran la vida, aunque ella dijo:

—"Padre y Señor mío, no he conocido varón."

XXIII*
C. T.

Cuchumaquic no creyó en las razones de su hija por lo que llamó a los cuatro Ajawab Tucur, los cuatro Señores Tecolotes, y les dijo:

—"Tomad esta mi hija que ha sido deshonesta, sacrificadla y traed su corazón en una jícara."

Los mensajeron tomaron una jícara y llevaron una cuchilla aguda para abrir a la doncella.

Los mensajeros cargaron a la doncella y se la llevaron. Díjoles ella a los Tecolotes:

—"No me quitéis la vida; lo que sucedió fue que, yendo a pasear por el árbol donde estaba puesta la cabeza de Jun Junajpú, la calavera me arrojó un chisguete de saliva en la palma de mi mano y no habido otra cosa."

—"Bien quisiéramos nosotros no quitarte la vida", dijeron ellos, "pero ¿qué hemos de llevar en la jícara a los Señores? Bien sabes que nos mandaron que te sacrificáramos y lleváramos tu corazón."

—''Está bien'', dijo ella, ''pero vuestro oficio será desde ahora anunciar la muerte. Mi corazón no ha de ser quemado delante de los Ajawab. Echad en la jícara lo que arrojare este árbol.''

Salió un líquido rojo como sangre, y recogiéndolo en la jícara se coaguló y se hizo una bola parecida a un corazón.

Los mensajeros llevaron a los Señores aquél coágulo en lugar del corazón de la doncella Xquic y ésta se dirigió hacia Ulew, la Tierra.

XXV*
C. T.

Jun Camé y Wukub Camé tomaron la jícara y levantaron con tres dedos aquel cuajarón que estaba chorreando sangre y mandando a atizar el fuego lo pusieron sobre él y lo quemaron. Suave fragancia salió de aquel líquido al quemarse, de lo cual todos quedaron maravillados.

Los Tecolotes se volvieron hacia Ulew, la Tierra, dejando engañados a los Señores del Infierno, a los Ajawab de Xibalbá.

49

XI*
C. T.

Estaba en su casa Xmucané, la abuela de Jun Batz y Jun Chowen, cuando llegó a ella la doncella Xquic y le dijo:

—"Señora, aquí vengo, pues soy tu nuera y la menor de tus hijas,"

—"¿De dónde vienes tú? Mis hijos han muerto, pero si en verdad eres mi nuera, anda a la milpa de mis nietos, tapixca esta red de maíz y tráela."

—"Está bien", dijo Xquic y tomó la red.

18 C. D.

Se fue la doncella a la milpa de Jun Batz y Jun Chowen no hallando en ella más que tal cual pie de maíz; afligida invocó en su ayuda al que es Señor y Guarda del Bastimento, cogió los cabellos de una mazorca, sin arrancar ésta, y los metió dentro de la red, la cual se llenó al punto de mazorcas y los animales la cargaron. Al llegar junto a la casa ella hizo como que cargaba la red. Viendo la vieja aquella gran red se fue a la milpa creyendo que Xquic había acabado con ella, pero la halló entera. Regresando le dijo a la doncella:

—''Basta esta señal, eres mi nuera.''

68 C. D.

La doncella Xquic tuvo dos hijos: Junajpú e Xbalamqué.
Jun Bat́z y Jun Chowen los aborrecían y trataban mal lo
mismo que la abuela Xmucané.
Todos los días los dos muchachos tenían que traer pájaros
que cazaban con sus cerbatanas y sus hermanos se los comían
sin darles a ellos cosa alguna.

52

XXII*
C. T.

Aconteció cierto día que vinieron los muchachos sin traer ni uno ni dos pájaros, por lo que los riñó la abuela. Aquéllos dijeron:

—"Muchos pájaros hemos muerto pero, Señora, han quedado sobre los árboles y como somos pequeños no podemos bajarlos; vayan nuestros hermanos con nosotros y ellos podrán bajarlos."

—"Está bien", dijeron Jun Batz y Jun Chowen, "por la mañana iremos con vosotros."

Al amanecer llegaron al pie de un árbol grande y los dos muchachos tiraron con sus cerbatanas una gran multitud de pájaros que allí había. Subieron Jun Batz y Jun Chowen y el tronco del árbol se engrosó de tal manera que ya no pudieron bajar. Sus hermanos les dijeron:

—"Ataos los ceñidores por la barriga, dejad ir los extremos por entre las piernas para atrás y descolgaos."

Ejecutándolo así, los ceñidores se convirtieron en colas y ellos se transformaron en micos.

Junajpú e Xbalamqué regresaron pronto a su casa y le dijeron a su abuela:

—"Señora ¿qué será lo que les ha sucedido a nuestros hermanos, que, habiendo mudado sus caras, se han vuelto animales? Probaremos a atraerlos, pero importa para el caso que de ningún modo te rías cuando los veas."

Salieron todos afuera, al monte y empezaron a tocar sus flautas y a cantar el son de Junajpú Coy, el Mono de Junajpú y tocando sus tambores sentaron a la vieja junto a sí. Llamaron de este modo a Jun Batz y a Jun Chowen, los cuales vinieron bailando al son de los instrumentos.

XX
C. T.

Al ver sus visajes y monerías y sus feas caras, se rió la vieja sin poder contener la risa por lo cual ellos, corridos, se fueron por esos montes.

Volvieron Junajpú e Xbalamqué a atraer a sus hermanos con el canto y con la flauta, pero viendo sus barrigas y sus colas volvió la vieja a reírse por lo que ellos se volvieron otra vez al monte.

34 C. D.

34 C. D.

Hicieron otra llamada con su flauta y tambores y aunque los monos volvían a regresar, como la vieja no podía contener su risa, se volvían al monte y por último no volvieron más.

XII*
C. T.

Desde la antigüedad los flauteros, cantores, pintores y entalladores invocan y llaman en su ayuda a Jun Batz y a Jun Chowen los cuales fueron transformados en micos por haberse ensoberbecido y por haber maltratado a sus hermanos Junajpú e Xbalamqué.

Al quedarse los dos muchachos con su abuela y su madre, hicieron muchos prodigios y maravillas.

Queriendo darse a conocer a su madre y a su abuela, lo primero que trataron de hacer fue su milpa y así dijeron:

—``No tengáis pena que aquí estamos nosotros y haremos milpa para que podáis vivir.``

Al tomar sus hachas y sus estacas de sembrar dijeron a su abuela:

—``Señora, a la hora del medio día llevadnos nuestra comida.``

—``Está bien``, dijo ella, ``allá la llevaré.``

41 C. D.

Al llegar al paraje donde se había de hacer la milpa, dieron un golpe con el hacha en un árbol, por lo que éste se vino abajo arrancando todos los bejucos y cayendo todos los demás árboles.

XXII*
C. T.

Al dar un golpe con la estaca de sembrar en la tierra, ésta se labraba y cultivaba, siendo cosa de maravillar los árboles y bejucos que caían de la montaña a un solo golpe de hacha y lo que se labraba de tierra a un solo golpe de la estaca.

XXIV*
C. T.

Llamaron ellos a Xmucur, la Tórtola, y le dijeron:

—"Nuestra abuela ha de venir a traernos de comer, canta en el momento que la veas y así nos avisarás su venida para que nosotros tomemos la estaca y el hacha."

—"Está muy bien", dijo el pájaro.

Los muchachos se entretenían tirando bodoques con sus cerbatanas y en cuanto la tórtola cantó uno de ellos se desparramó astillas de madera en la cabeza, tomó su hacha e hizo como que hachaba.

62

El otro se untó tierra en sus manos y tomó la estaca haciendo como que trabajaba.

Llegó la abuela y los muchachos comieron como si hubieran trabajado mucho y después regresaron a su casa.

Al volver al día siguiente a su milpa hallaron que todos los árboles habían vuelto a levantarse y a revivir y toda la tierra estaba sin cultivar, como antes.

Trataron de hacer de nuevo su milpa y, clavando otra vez el hacha, cortaron todos los árboles.

XXII
C. T.

Y clavando la estaca se cultivó toda la tierra, como antes, y dijeron:

''Velaremos esta noche y así quizás podremos coger al que nos hace daño.''

XIX
C. T.

Los muchachos se armaron y se fueron a la roza y, ocultándose, se pusieron en acecho.

A media noche se juntaron todos los animales y, hablando, decían:

"¡Levantaos, árboles! ¡Levantaos, enredaderas!"

XXXIII
C. T.

XX
C. T.

Los grandes y pequeños animales moviéronse debajo de los árboles y de las enredaderas y fueron acercándose al lugar donde estaban escondidos Junajpú e Xbalamqué; llegando delante de ellos un puma y un jaguar, no se dejaron coger.

XVII
C. T.

14 C. D.

Un venado y un conejo pasaron apareados y los muchachos los quisieron coger.

X
C. T.

Junajpú e Xbalamqué los asieron de las colas, las que se rompieron y se les quedaron en las manos, y por eso son pequeñas las colas del venado y del conejo.

No pudieron coger al gato montés ni al coyote, ni tampoco al pizote ni al coche de monte.

Y reventaban de cólera sus corazones porque no los habían cogido.

Al final vino saltando un animal, lo atajaron con la red y cogieron el ratón y apretándole el pescuezo querían ahogarlo y le chamuscaron la cola al fuego; esa es la causa de que los ratones tengan los ojos saltados y no tengan pelo en la cola. Díjoles el ratón:

—"No me matéis, que vuestro oficio no es el hacer milpa. Habéis de saber que los bienes de vuestros padres Jun Junajpú y Wukub Junajpú están guardados en el tabanco de la casa y son los instrumentos con los que ellos jugaban a la pelota y que son el anillo, los guantes y la pelota de hule. Ahora dadme de comer."

Los muchachos le señalaron como comida el maíz, las pepitas del chile, los frijoles, el pataxte, el cacao y los alimentos que estuvieran guardados en las casas.

Llegados a casa, llevando el ratón oculto, pidieron de comer y de beber a su madre y a su abuela. Ellàs les sirvieron sus tortillas y su chirmol.

Los muchachos terminaron toda el agua que había en la tinaja y dijeron a su abuela:

—''Mucha sed tenemos, anda señora, trae agua.''

XXVII
C. T.

La abuela tomó la tinaja que Xan, el Mosquito, había horadado y se dirigió al arroyo. Allí trató de tapar el hoyo por el que se salía el agua, pero no pudo hacerlo.

Más tarde mandaron los muchachos a su madre a ver porqué la abuela no llegaba con el agua.

Mientras los muchachos hacían como que comían, el ratón se subió al tabanco y al cortar el cordel cayeron los instrumentos de juego. Los muchachos los recogieron y los escondieron.

Después fueron al arroyo donde estaban su madre y su abuela, taparon el hoyo de la tinaja y regresaron todos juntos a su casa.

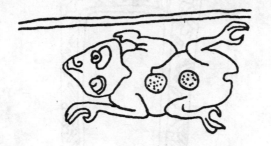

Los muchachos, muy alegres, se pusieron a jugar a la pelota en el patio de juego de sus padres y oyendo los Ajawab de Xibalbá, los Señores del Infierno, el ruido y las carreras, mandaron a sus mensajeros los Ajawab Tucur, los Señores Tecolotes, para que los llamaran, y éstos dieron el mandado a la abuela. Muy afligida la vieja mandó un piojo con el mandado para sus nietos. El piojo encontró sentado en el camino a un muchacho llamado Tamazul, el Sapo, el cual le preguntó:

—"¿A dónde vas?"

A lo que respondió el piojo: —"Llevo un recado a los muchachos que están jugando a la pelota en la plazuela."

Y díjole el sapo: —"Veo que vas cansado y que no puedes correr. Si quieres que te trague te llevaré corriendo, mira cómo corro yo."

—"Está bien" dijo el piojo.

Y tragándose el sapo al piojo iba corriendo su camino.

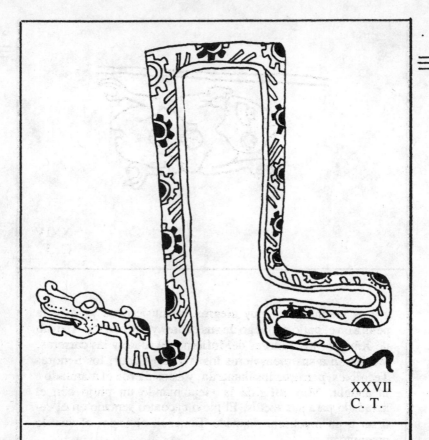

XXVII
C. T.

Yendo ya cansado de caminar se encontró Tamazul, el Sapo, a Zaquicaz, la Culebra.

Y díjole la culebra: —''¿A dónde vas, Tamazul?''

A lo que respondió el sapo: —''Voy a un recado y lo llevo en mi vientre.''

—''Veo que vas cansado'' dijo la culebra ''y que no puedes caminar; ven acá, te tragaré y con eso llegarás presto.''

Esto dijo la culebra y tragóse al sapo. Desde entonces la culebra tiene los sapos por comida y sustento.

Iba corriendo la culebra su camino cuando ya cansada encontró a Wac, el Gavilán, el cual se la tragó y llevó con brevedad a donde estaban los muchachos.

Desde entonces estos pájaros tienen por alimento las culebras que se deslizan por el campo.

7 C. D.

Los muchachos estaban jugando y tirándose la pelota cuando cantó el pájaro y dijo:

"¡Wac c'o, Wac c'o! ¡Aquí está el gavilán, aquí está el gavilán!"

Los muchachos tomaron la cerbatana y le tiraron un bodocazo en el ojo, por lo que cayó al suelo y dijo:

—"Curadme este ojo que me habéis reventado y luego os daré el mensaje que traigo dentro de mi vientre."

Los muchachos le curaron el ojo con un pedacito de hule de su pelota y él vomitó la culebra.

XXXII
C. T.

Ellos le dijeron a Zaquicaz, la Culebra:

—"Di el mensaje que traes."

—"Lo tengo en mi vientre", contestó ella y vomitó el sapo.

Dijeron al sapo: —"Di luego tu mensaje."

3 C. D.

—"Aquí, en mi estómago, traigo el mensaje", dijo Tamazul, el Sapo.

Queriendo vomitar no podía echar el piojo y los indignados muchachos le dieron un puntapié y abriéndole la boca se la rasgaron, por lo que, desde entonces, los sapos tienen caídas las nalgas y la boca rasgada. Al fin le sacaron el piojo que estaba trabado en los dientes del sapo. Le dijeron al piojo:

—"¡Ea, di tu mensaje!"

Por lo que el piojo les dio el mandado de la abuela.

Los muchachos fueron a despedirse de su abuela y de su madre, sembraron unas cañas en el patio de su casa como señal de su existencia y se encaminaron hacia Xilbalbá, el Infierno.

De allí viene la costumbre de sembrar cañas en el patio de las casas.

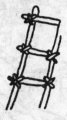

Los muchachos llevaron consigo sus cerbatanas, tomaron el camino de Xibalbá, el Infierno, y bajaron rápidamente las gradas empinadas. Pasaron dos ríos, uno de materia y otro de sangre, sin poner en ellos los pies sino, atravesando las cerbatanas, pasaron sobre ellas. Llegaron a la encrucijada de cuatro caminos: uno era negro, otro blanco, otro colorado y otro verde.

Desde allí despacharon a Xan, el Mosquito, para que fuera a averiguar el nombre de los Ajawab de Xibalbá, los Señores del Infierno, diciéndole:

—"Anda, ve y muerde a todos los Señores que están sentados y, desde ahora, tu comida será la sangre de los que picares en el camino."

48 C. D.

Al picarles el mosquito revelaron todos los Ajawab sus nombres preguntándose el uno al otro quién le había picado. Vino Xan, el Mosquito, y repitió los nombres a Junajpú e Xbalamqué, los cuales se dirigieron hacia donde estaban los Señores.

Aunque en realidad de verdad aquel no era mosquito, sino un pelo de la cara de Junajpú que lo hizo como mosquito para que fuese a traer razón de los nombres de los Señores.

47. C. D.

Los muchachos dijeron a los Señores del Infierno, los Ajawab de Xibalbá:

—"A los dos primeros no los saludamos porque son muñecos hechos de madera y trapos, pero a vosotros sí: Jun Camé y Wukub Camé, Xiquiripat y Cuchumaquic, Ajalpuj y Ajalk'aná, Ajalmez y Ajaltok'ob, Chamiabac y Chamiajolom, Quicxic y Patán, Quicré y Quicrixcac. Y tú, Jolomán, que estás sentado en un banco."

Esto dijeron ellos saludándolos a todos y nombrándolos por sus nombres sin olvidar alguno.

46. C. D.

Nada gustaron de esto los Ajawab y los invitaron a sentarse.

—"Eso no", dijeron los muchachos, "ese asiento es piedra que está quemando; no nos sentamos en ella."

—"Ea, pues", dijeron los Señores, "vayan a descansar a la posada."

XXXIV*
C. T.

Por orden de los Señores fueron conducidos a la Casa
Oscura, donde les llevaron dos ocotes y dos cigarros y les
advirtieron que, ardiendo toda la noche, los habían de devol-
ver enteros por la mañana. Ellos tomaron dos plumas de la
cola de la guacamaya y las pusieron en el ocote y en las
puntas de los cigarros pusieron dos luciérnagas. Así estuvieron haciendo como que ardían toda la noche.

Los Señores quedaron muy admirados de ver los cigarros y los ocotes enteros e invitaron a los muchachos a jugar a la pelota. Primero jugaron con una cabeza de puma y después con la pelota de hule de Junajpú e Xbalamqué.

Habiéndose consultado los Ajawab cómo vencerían a los muchachos, les dijeron:

—"Tomen estas cuatro jícaras y mañana tráiganlas llenas de flores."

Y los llevaron a la Casa de las Navajas de Chay, pero éstas no los dañaron. Les dijeron los muchachos: "A cambio de que no nos toquéis a vosotras tocará herir todas las carnes del mundo."

Llamaron los muchachos a todas las hormigas y zompopos, los que fueron a la huerta donde se habían descuidado los guardianes, y cortaron y trajeron las flores.

50 C. D.

Los mensajeros de Xibalbá, el Infierno, les dijeron a los mozos:

—"Los Señores mandan que llevéis pronto las flores."

Llegaron ellos ante los Señores y les ofrecieron las cuatro jícaras llenas de flores.

Los Ajawab llamaron a los guardianes y los regañaron por haberse dejado coger las flores y les rasgaron la boca en castigo.

VI
C. T.

   Los Ajawab, los Señores, jugaron un poco a la pelota con
los muchachos y se citaron para seguir el juego al día siguiente.
   Aquella noche los metieron a la Casa del Frío. Era mucho
el frío de aquella casa, pero los muchachos amanecieron
buenos y sanos; al hacer fuego con unos palos combatieron
ellos mismos el frío.
   Los guardas vinieron por la mañana a ver si ya habían
muerto y los Señores se desesperaban al ver que no podían
vencerlos, y se maravillaban cada día más de los prodigios de
Junajpú e Xbalamqué.

8. C. D.

Otra noche los mandaron a la Casa de los Jaguares donde había infinidad de éstos.

—"No nos mordáis", les mandaron, "vuestra comida serán los huesos."

Los muchachos les arrojaron unos huesos y los jaguares empezaron a roerlos, por lo que los guardas creyeron que ya habían acabado con ellos; pero al día siguiente los hallaron sin que les hubieron hecho mal alguno los jaguares, de lo cual quedaron admirados los Ajawab de Xibalbá, los Señores del Infierno.

Otra noche los metieron en la Casa del Fuego, pero éste no les hizo daño alguno sino salieron muy hermosos por la mañana.

A la noche siguiente llevaron a los muchachos a la Casa de los Murciélagos, donde había infinidad de ellos.

Junajpú e Xbalamqué se metieron dentro de sus cerbatanas a dormir, y aunque los murciélagos revoloteaban a su alrededor, no pudieron morderlos. Junajpú quiso ver si ya había amanecido y al sacar la cabeza para certificarlo se la cortó Camazotz, el Murciélago, quedando sólo el cuerpo.

Los murciélagos fueron a poner la cabeza de Junajpú al atrio donde se jugaba a la pelota.

XXI
C. T.

Xbalamqué llamó al pizote, al puerco y a todos los grandes y pequeños animales, para que lo ayudaran a remendar a Junajpú y todos acudieron.

91

C. TC.

A lo último vino Coc, la Tortuga, balanceándose y dando vueltas a un lado y otro para caminar. Tomóla Xbalamqué y labró de ella la cabeza de Junajpú, la cual salió perfecta después de hacerle boca y ojos.

Esto fue hecho con mucha sabiduría porque así lo dispuso Uc'ux Caj, el Corazón del Cielo.

Al terminar la cabeza se la pusieron al cuerpo de Junajpú y éste pudo hablar.

92

Mientras estaban haciendo la cabeza de Junajpú y viendo que ya aclaraba, le mandaron a C'uch, el Zopilote, que oscureciese la mañana y él lo hizo abriendo sus alas, y aunque cuatro veces amaneció, cuatro veces oscureció él extendiendo sus alas.

Así ahora, cuando el zopilote abre sus alas estando todavía oscuro, se tiene como señal de que amanece.

Cuando amaneció ya estaban buenos los dos muchachos.

34 C. D.

Puesta la cabeza de Junajpú en el atrio, los Señores fueron a celebrar el vencimiento de los muchachos y se pusieron a jugar a la pelota.

5. C. P.

Xbalamqué rebatió fuertemente la pelota que fue a caer junto a un tomatal donde estaba un conejo, aconsejado por Xbalamqué, que salió corriendo y los Señores detrás de él creyendo que era la pelota.

Quedó solo todo el atrio e Xbalamqué tomó la cabeza de Junajpú y se la puso al cuerpo cambiándola por la cabeza de tortuga, la que colocó en su lugar en el atrio.

Los Señores estaban admirados de ver el prodigo que sucedía con Junajpú.

Junajpú e Xbalamqué pasaron por todos estos castigos y en ninguno de ellos murieron, hasta que por fin los Ajawab de Xibalbá, los Señores del Infierno, hicieron una gran hoguera en un hoyo y llamaron a Junajpú y a Xbalamqué. Estos se pusieron uno frente al otro y, extendiendo los brazos, se dejaron ir sobre el fuego.

Molieron sus huesos y hechos polvo los arrojaron a la corriente del río; pero el agua no se los llevó sino que, yéndose al fondo, se convirtieron en dos hermosos muchachos.

XXI
C. T.

Los mancebos se manifestaron varias veces. Al quinto día vieron los del Infierno a dos sobre el agua que eran como hombres-pescado y, aunque los buscaron, no pudieron hallarlos hasta que ellos salieron con traje de pobres, sucios y harapientos, y hacían sus juegos y bailes entre los cuales estaban el del Pujuy, la Lechuza, el del Cux, la Comadreja, el del Iboy, el Armadillo, el del Xtzul, Ciempiés y el de Chitic, El que Anda en Zancos. Quemaban animales y personas o alguna cosa y la volvían a dejar buena y sana y también se descuartizaban y volvían a revivir ellos mismos.

Los de Xibalbá quedaron espantados y admirados de ver semejantes prodigios y llevaron la noticia a Jun Camé y a Wukub Camé, los cuales despacharon a sus mensajeros para que los muchachos hicieran sus prodigios delante de ellos.

Junajpú e Xbalamqué se resistieron a ir y, violentándolos, los mensajeros los llevaron por la fuerza.

—"Hagan sus bailes y sus juegos", les mandaron los Ajawab de Xibalbá.

Empezaron sus bailes y sus cantos, acudiendo todos los del Infierno a verlos.

13. C. D.

Y díjoles un Ajaw:
—''Despedazad este mi perro y volved a resucitarlo.''
Tomando el perro lo despedazaron y lo resucitaron y el
perro meneaba la cola, muy alegre de haber revivido.

XXIX*
C. T.

—"Ea, quemad esta mi casa", dijo otro de los Ajawab. Los muchachos quemaron la casa estando todos dentro, los cuales no se quemaron y volvieron a dejarla como estaba antes.

—"Ea", dijeron, "tomad un hombre de éstos, despeda-
zadlo y resucitadlo."

Tomaron a uno de los que miraban, lo hicieron pedazos y
en un instante lo juntaron todo y lo resucitaron.

—"Ea, ahora despedazaos a vosotros mismos", dijeron
los Ajawab.

Tomó Xbalamqué a Junajpú, lo despedazó y volvió a
resucitarlo. Al ver estos prodigios los Señores pidieron ser
despedazados y resucitados. Los muchachos los despedazaron y ya no volvieron a resucitarlos.

Y así fueron vencidos los Ajawab de Xibalbá, los Señores
del Infierno, por Junajpú e Xbalamqué.

56. C. D.

Estas son las obras y las hazañas de Junajpú e Xbalamqué, y ésta fue la causa del llanto de la abuela delante de las cañas que dejaron sembradas, las que se secaron cuando murieron y volvieron a retoñar cuando resucitaron. Mucho se alegró la abuela cuando vio retoñar las cañas y quemó copal en medio de la casa y desde entonces quedó esta costumbre.

Junajpú e Xbalamqué, después de haber vencido a los Ajawab de Xibalbá, subieron hacia el Cielo y el uno fue puesto por Sol y el otro por Luna, subiendo también los cuatrocientos muchachos que mató Zipacná, los que fueron puestos por estrellas.

* * * * *

8. C. D.

Habiéndose acercado el tiempo de la creación, el Ajaw Tepew y el Ajaw K'ucumatz buscaron la sustancia para hacer la carne del hombre.

Consultaron entre sí de qué forma lo harían, porque los pasados hombres habían salido imperfectos, buscando cosa que pudiera servir para carne de aquél, se les manifestó en esta forma.

6. C. P.

Cuatro animales les manifestaron la existencia de las mazorcas de maíz blanco y de maíz amarillo. Estos animales fueron: Yak, el Gato de Monte; Utiw, el Coyote; Quel, la Cotorra y Joj, el Cuervo. En Paxil y Cayalá hallaron el maíz, mucho maíz blanco y amarillo. Incontables eran las anonas, los jocotes, los zapotes, los nances y matasanos. Todo estaba lleno de miel, pataxte y cacao.

La abuela Xmucané tomó del maíz blanco y del amarillo e hizo nueve bebidas que entraron de comida de la que salió la carne y la gordura del hombre, y de esta misma comida fueron hechos sus brazos y sus pies.

De maíz formaron los Señores Tepew y K'ucumatz a nuestros primeros padres y madres.

23. C. D.

Los primeros hombres creados fueron: Balam Quitzé, el Jaguar de la Dulce Risa; el segundo, Balam Ak'ab, Jaguar de la Noche; el tercero, Majucutaj, No Acepillado; el cuarto Iquí Balam, el Jaguar de la Luna.

Grande fue la sabiduría de los primeros hombres, vieron todo cuanto en el mundo había y acabaron por saberlo todo. No les pareció bien a los Creadores ver que los hombres sabían tanto. El Corazón del Cielo les hechó vaho de su boca en los ojos, por lo que pudieron ver únicamente lo que está cerca.

Mucho fue el gozo que sintieron cuando despertaron y hallaron cada uno su mujer al lado. Estos fueron sus nombres:

La mujer de Balam Quitzé se llamaba Cajá Paluná, Agua Parada que Cae de lo Alto.

19. C. D.

La segunda se llamaba Chomijá, Agua Hermosa y Escogida, mujer de Balam Ak'ab.

21. C. D.

La tercera se llamaba Tzununijá, Agua de Gorriones, mujer de Majucutaj.

K'aquixajá, Agua de Guacamaya, era el nombre de la mujer de Iquí Balam.

Y aquellos cuatro hombres fueron nuestros primeros padres, y éstos son los nombres de las mujeres de donde descendemos nosotros, los Quichés.

20. C. P.

Muchos se multiplicaron en el Oriente, aun en el tiempo de las tinieblas, antes que el sol aclarase y hubiese luz; continuamente hacían oración los Ajawab, los Señores, levantando sus caras al cielo y diciendo:

"¡Oh, Tú, que eres Creador y Formador! ¡Míranos, óyenos, no nos dejes, no nos desampares! ¡Tú, Corazón del Cielo y de la Tierra! ¡Dadnos descendencia para siempre! Cuando amanezca dadnos buenos y anchos caminos, dadnos paz quieta y sosegada, dadnos buena vida y costumbres y ser. ¡Tú, Jurakán, Chipí Caculjá, Raxá Caculjá, Tepew, K'ucumatz, que nos engendrasteis, que nos hicisteis vuestros hijos!''

Balam Quitzé, Balam Ak'ab, Majucutaj e Iquí Balam eran los que hacían todas estas oraciones y plegarias.

25. C. D.

En este tiempo nuestros primeros padres no tenían ídolos de madera ni de piedra y, deseando buscar unos, una gran multitud del pueblo los siguió y llegaron a un paraje llamado Tulán donde los encontraron.

Un mensajero de Xibalbá, el Infierno, les dijo:

—''Este es vuestro Idolo, el que os sustentará y el que está verdaderamente en lugar de vuestro Creador y Formador.''

El primer ídolo que salió fue Tojil y lo sacó Balam Quitzé colocado en un cacaxte, colgado a sus espaldas.

27. C. D.

Luego salió el ídolo Awilix y lo llevó Balam Ak'ab.

28. C. D.

El tercero era el ídolo Jacawitz y lo llevaba Majucutaj.

Nic'aj Tak'aj se llamaba el ídolo que llevaba Iquí Balam.

V.C.T.   IV. C. T.

Los Quichés, los de Tamub y los de Ylocab, que eran las tres parcialidades quichés, acompañaron a Tojil.

Y entonces los siguieron todos los pueblos, los de Rabinal, los cacchiqueles, los de tziquinajá, junto con los que ahora se llaman yaqui.

Muchos salieron del pueblo de Tulán, la gente blanca y la gente negra; se les mudó el lenguaje y hablaron de diferente modo unos de otros, de modo que no se entendían.

No tenían entonces fuego y Tojil lo creó y se los dio, y los pueblos se calentaban con éste, sintiéndose muy alegres por el calor que les daba.

El fuego estaba alumbrando y ardiendo, cuando vino un gran aguacero y granizo que lo apagó.

Balam Quitzé y Balam Ak'ab pidieron otra vez fuego a Tojil, y éste, dando vueltas y restregando su caite, sacó fuego otra vez, por lo que Balam Quitzé y Balam Ak'ab, Majucutaj e Iquí Balam se calentaron y recibieron mucho consuelo.

45. C. D.

Con el gran aguacero y granizo se había apagado el fuego de los demás pueblos y vinieron todos ateridos de frío, dando diente con diente, a pedirles fuego a Balam Quitzé, Balam Ak'ab, Majucutaj e Iquí Balam. Estos lo dieron con la condición de unirse a ellos, y los pueblos aceptaron.

Hubo un pueblo que no quiso pedir el fuego, el de los Cakchiqueles, sino se lo robaron protegidos por el humo.

3. C. D.

Sólo se dieron por vencidos los pueblos que pidieron el fuego y sacrificaron su sangre a Tojil, sacada de su costado y sobaco.

Así les significó Tojil cómo había de ser sacado el corazón para sacrificarlo.

XVIII*
C. T.

Arrancándose de allá, del Oriente, les dijo Tojil:

—"No es aquí nuestra patria, vamos a ver dónde hemos de poblar y sembrar. Den gracias todos."

Se horadaron las orejas y los codos atravesándoselos con palos, y esta sangre fue la señal de su agradecimiento hacia los dioses.

118

34. C. D.

Al despedirse de Tulán fue grande el llanto que hicieron y velaban la estrella que tenían por señal del nacimiento del sol.

Pasaron por el mar y se dividieron las aguas y pasaron por encima de unas piedras.

Todos estaban con gran tristeza y practicaban ayunos, así como abstinencia absoluta de sus mujeres, cuando les hablaron los ídolos a los cuatro y les dijeron:

—''Vámonos de aquí y ponednos en parte oculta, pues se acerca el amanecer.''

Ellos ocultaron los ídolos en las barrancas.

16. C. D.

17. C. D.

En esta confusión estaban cuando vieron salir el lucero Icok'ij, Venus, anuncio y guía del sol, con lo cual muy alborozados quemaron pom que habían traído del Oriente.

Al punto que nació el Sol se alegraron todos los animales chicos y todos los animales grandes. El primero que cantó fue Queletzú, el Loro.

16. C. D.

16. C. D.

Alegráronse todos los animales, las aves tendieron sus alas y todos dirigieron sus miradas hacia donde nace el Sol.

Balam Quitzé, Balam Ak'ab, Majucutaj e Iquí Balam, quemando pom y bailando se fueron hacia donde nacía el Sol, derramando lágrimas de contento y de dulzura.

Luego se volvieron piedra los ídolos de Tojil, Awilix y Jacawitz.

En el cerro Jacawitz estaban cuando les amaneció. Entonces comenzaron a buscar los venados hembras y las hembras de los pájaros para ir a ofrecérselos a los ídolos.

25. C. D.

Los sacrificadores ofrecían a Tojil la sangre de la garganta de los animales, la ponían en la boca del ídolo y hablaba la piedra.

V*
C. T.

Balam Quitzé, Balam Ak'ab, Majucutaj e Iquí Balam desaparecieron de la vista de los pueblos; andaban por los cerros y les llevaban a sus mujeres y a sus hijos tábanos, avispas y panales de miel para comer, y no se supo dónde estaban sus habitaciones.

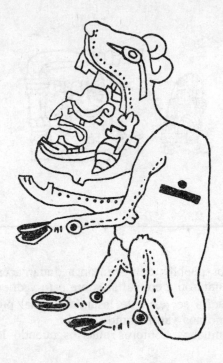

XVIII
C. T.

Por los cerros se oían gritos de gatos de monte, coyotes, jaguares y pumas, a los cuales imitaban los sacrificadores, por lo que estaban todos los pueblos muy amedrentados.

Empezó luego la destrucción de los pueblos porque los sacrificadores, disfrazados de animales, los tomaban y sacrificaban a los ídolos. Pensaban las tribus que los animales se los habían comido porque veían pisadas de jaguar y de otros animales.

XII*
C. T.

Cuando los pueblos comenzaron a dudar acerca de las huellas, se juntaron a consultar sobre esto y dijeron:

"¿Qué querrá ser esto de las muertes del pueblo, que de uno en uno nos van matando?"

Ya iban muchos hombres muertos cuando lo echaron de ver.

"¿En dónde estarán los sacrificadores y adoradores para seguir sus huellas?" decían las tribus.

Y comenzaron a seguir las huellas de los pies de los adoradores y sacrificadores.

XXII
C. T.

Los sacrificadores y adoradores Balam Quitzé, Balam Ak'ab, Majucutaj e Iquí Balam, sacrificaban a la gente que robaban de los caminos y ofrecían su sangre a Tojil, Awilix y Jacawitz.

34. C. D.

Buscando las huellas estaban cuando comenzó a llover, se hizo mucho lodo y no pudieron pasar adelante.

Las tribus se alejaron de aquel cerro donde mataban a los hombres en el camino para sacrificarlos al ídolo.

33. C. D.

Los pueblos se juntaron y consultaron sobre lo que habían de hacer para vencer a los sacrificadores, y lo primero que determinaron fue ganar para sí la voluntad de Tojil, Awilix y Jacawitz, los cuales habían sido vistos en forma de muchachos cuando se bañaban en un río.

36. C. D.

Mandaron a dos doncellas muy hermosas, hijas de Señores, a lavar al río para así seducir a los muchachos.

Se fueron las dos al río y cada una estaba desnuda lavando
en su piedra cuando llegaron Tojil, Awilix y Jacawitz.

Las doncellas, avergonzadas, les dijeron por qué estaban
allí lavando, y Tojil, Awilix y Jacawitz les ofrecieron una
prenda para que demostraran a los Ajawab que los habían
visto.

Tojil, Awilix y Jacawitz dirigiéronse a Balam Quitzé, Balam Ak'ab y Majucutaj, y les dijeron:

—"Pintad en un lienzo la semjanza de lo que sois vosotros."

Cada uno de ellos tomó un lienzo y Balam Quitzé pintó un jaguar en el primero, en el segundo pintó Balam Ak'ab un águila y Majucutaj pintó tábanos y avispas en el tercero.

Las doncellas regresaron a donde estaban los Señores y les entregaron las telas como señal de que habían visto a Tojil. Aquéllos se las probaron y las telas que tenían pintadas un jaguar y un águila no les hicieron nada, pero los tábanos y las avispas de la tercera los picaron, por lo que riñeron a las doncellas diciéndoles:

—"¿Qué paños son estos que traéis? ¿Adónde fuisteis a traerlos, pícaras?"

De este modo fueron vencidos los pueblos por Tojil.

Los Ajawab, los Señores, se juntaron a consultar otra vez sobre lo que harían y decidieron declararles la guerra. Se armaron y salieron todos en busca de Balam Quitzé, Balam Ak'ab, Majucutaj e Iquí Balam; éstos estaban fortificados en un cerro llamado Jacawitz, en cuya cumbre estaban los cuatro con sus mujeres y sus hijos.

50. C. D.

La gente de las tribus, armada y adornada, y los Señores cargados de gargantillas y de plata, iban resueltos a matarlos a todos. Llegaron al pie del cerro y por la noche se durmieron todos. Vinieron Balam Quitzé, Balam Ak'ab, Majucutaj e Iquí Balam y les pelaron las barbas y los ojos y les quitaron los collares de plata y chalchigüites que llevaban en el cuello.

Los cuatro Ajawab hicieron una muralla alrededor del pueblo, y haciendo unas estatuas de trapo, las pusieron sobre las murallas armadas de escudos y flechas y con los adornos de chalchigüites y plata que habían hurtado a las tribus.

VIII*
C. T.

Después de consultar a Tojil, Balam Quitzé, Balam
Ak'ab, Majucutaj e Iquí Balam pusieron tábanos y avispas
entre cuatro tecomates o calabazas y los colocaron a la
redonda del pueblo.

Acometió infinita multitud de gente que venía en el ejér-
cito de las tribus y, poniendo cerco al pueblo por todas partes,
murmuraban y gritaban.

C. TC.

Silbando y dando muchas palmadas llegaron cerca del pueblo porque no tenían miedo a aquellos cuatro Señores, quienes estaban atentos, sin moverse, a todos los movimientos de la gente de las tribus.

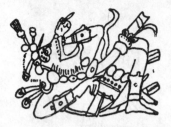

49. C. D.

50. C. D.

Al destapar los cuatro tecomates salieron los tábanos y avispas en tal cantidad que parecía humo, y los cuales, cargando sobre toda la gente, se fueron derechos a los ojos, a la boca y a la nariz, a los brazos y a las piernas, mordiéndoles por todas partes. Hervían los animalejos y se amontonaban sobre todos los soldados.

42. C. D.

Cuando los soldados estaban ya como embriagados y borrachos, soltaron las flechas y los escudos y los desparramaron por el suelo. Balam Quitzé y los demás sacaron unos palos y herían a los soldados, por lo que murieron muchísimos. A los que no mataron los hicieron sus vasallos.

De este modo nuestros primeros padres sujetaron a los pueblos.

65. C. D.

Balam Quitzé y los otros tres arreglaron sus cosas por haber conocido que era llegado su fin, y se despidieron de sus mujeres y de sus hijos.

23. C. D.

Los hijos que tuvieron Balam Quitzé y Cajá Paluná fueron dos: el uno se llamó Cocaib y el otro Cocawib, y de éstos descienden los de la Casa de Cawec.

20. C. D.

Balam Ak'ab tuvo dos hijos con su mujer Chomijá: Coacul y Coacutec, y fueron fundadores de la Casa de Nijaib.

XX*
C. T.

Majucutaj y Tzununijá sólo tuvieron un hijo, llamado Coajaw. De ellos descienden los de la Casa del Ajaw Quiché.

18. C. D.

Estos tres tuvieron hijos pero Iquí Balam no tuvo hijo alguno.

Los Ajawab empezaron a cantar, con un llanto muy tierno, llanto y canto que se llamó Camacú, estando todos juntos al despedirse de sus mujeres e hijos.

VII
C. T.

Despidiéndose de ellos les dijeron:

—"Atended. Nosotros nos vamos a nuestros pueblos y no volveremos. Ya el Ajaw de los Venados, símbolo de despedida y desaparición, está manifiesto en el cielo. Ya se ajustaron nuestros días, cuidad vuestras casas y vuestra patria y volved otra vez al lugar de donde venimos."

Diéronles un envoltorio cerrado y cocido que se llamaba *grandeza envuelta,* y les dijeron: —"Esto os dejamos en memoria nuestra y en esto consistirá vuestra grandeza y señorío."

Diciendo estas cosas desaparecieron y éste fue el fin de aquellos cuatro Ajawab llamados los Venerados, que vinieron del Oriente, de la otra parte del mar.

Y ya no se supo más de Balam Quitzé, Balam Ak'ab, Majucutaj e Iquí Balam.

Los hijos de los Ajawab se casaron, tuvieron descendencia y, estando ya viejos, trataron de cumplir el mandato de sus padres y volvieron allá, al Oriente de donde habían venido.

El Ajaw que reinaba en el Oriente se llamaba Nacxit y el Señor los engrandeció y les dio los títulos de sus Señoríos. Cuando volvieron manifestaron a sus pueblos los despachos y preseas que les había dado el Señor Nacxit en señal de Señorío e Imperio.

De la otra parte del mar, del Oriente, trajeron su pintura y su escritura.

V
C. T.

En el cerro Jacawitz murieron las mujeres de Balam Quitzé, Balam Ak'ab, Majucutaj e Iquí Balam.

Los Ajawab se multiplicaron mucho por lo que buscaron otro paraje donde habitar, y pasaron a otros cuatro cerros y se multiplicaron también allí y casaron a sus hijos e hijas, tomando los regalos que les daban a cambio de sus hijas.

147

60. C. D.

Pasaron a vivir al cerro Izmachí y allí hicieron edificios de cal y canto. En la cuarta generación reinó Cotujá con su adjunto Xtayul, habiendo tres casas grandes: la del Ajaw Cawec, otra del Ajaw Nijaib y la del Ajaw Quiché. Todos estaban sin tener pleitos ni contienda pasando su vida en gran tranquilidad y paz, cuando, envidiosos, los de Ilocab promovieron la guerra queriendo matar a Cotujá para tener ellos Ajaw aparte.

C. TC.

Pero el Ajaw Cotujá juntó gente y cargó sobre ellos, siendo muy pocos los que escaparon, y a los que apresó los sacrificó al ídolo.

XVII*
C. T.

Allí, en Izmachí, creció la costumbre de sangrarse delante del dios.

Muchos fueron los que cayeron en esclavitud y servidumbre, entregándose ellos mismos.

Este fue el principio de las guerras y disensiones y el principio de los sacrificios de los hombres ante el ídolo.

En esta ocasión afirmaron su imperio los quichés porque tenían muchos Ajawab poderosos y comenzaron a temerlos los pueblos.

Estando en K'umarcaj, se dividieron en veinticuatro grandes casas: los de Cawec hicieron nueve casas grandes, los de Nijaib otras nueve y los Ajawab Quiché cuatro, haciendo los de Zaquic dos grandes casas.

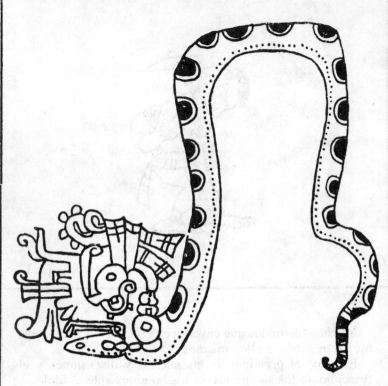

XXVI
C. T.

Repartidos todos los pueblos entre los Ajawab fue mucha la majestad y grandeza del reino del Quiché, y construyeron todo de cal y canto.

No se ganaron estos pueblos con batallas, sino con la grandeza de los Quichés y por las maravillas que obraban los Ajawab, principalmente el Ajaw K'ucumatz, el cual siete días subía al cielo, otros siete bajaba al infierno, otros siete se convertía en serpiente,

C. TC.

otros siete días se convertía en águila,

47. C. D.

otros siete días se convertía en jaguar,

y otros siete días se convertía en sangre coagulada.

Era mucho el respeto que causaban tales maravillas.

48. C. D.

Durante el reinado del Ajaw Quik'ab, de la sexta generación, se rebelaron los pueblos contra él y le hicieron guerra.

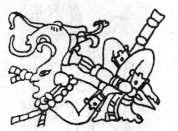

48. C. D.

Pero Quik'ab venció a los de Rabinal, a los Cakchiqueles y a la gente de Zaculew, quedando todos sojuzgados.

XXVII*
C. T.

A los pueblos que no acudían con los tributos, los flecha-
ban y castigaban.

47. C. D.

A todos los hombres se les enseñó a guerreros y flecheros para que acudieran a las batallas.

60. C. D.

Nombraron capitanes para que fueran a velar las guerras que se hacían en las fronteras y repartiéronse por los montes.

A todos los enemigos que apresaban y cautivaban los traían ante los Ajawab Quik'ab y Cawizimaj, y con este ejercicio se hicieron valientes guerreros, muy diestros en el arco y en la flecha. Así peleaban con más ánimo.

IX*
C. T.

La casa del dios se llamaba La Casa Grande de Tojil.
Lo primero que hacían los Ajawab, los Señores, y los pueblos cuando llegaban a ver al Ajaw o a llevarle sus tributos, era ir a La Casa Grande de Tojil, llevando fruta como ofrenda al dios.

No estaban ociosos los Ajawab, los Señores, sino que ayunaban muchas veces por sus vasallos, practicaban la abstinencia con sus mujeres y hacían muchas penitencias y oraciones ante el dios y postrados ante él quemaban su pom.

65. C. D.

En el tiempo de estos ayunos y penitencias comían algunas frutas como zapotes, matasanos y jocotes, sin probar tortilla. Trece ayunaban y once estaban puestos en oración.

Grande era el ayuno que hacían por sus vasallos en señal del dominio que tenían sobre ellos. De día y de noche se estaban en oración, llorando y pidiendo el bien de sus vasallos y de todo el Reino. En todos aquellos días no dormían con sus mujeres.

XXX*
C. T.

Inclinados ante el dios, decían esta oración:

"¡Oh, Tú, Hermosura del Día, Tú, Jurakán, Corazón del Cielo y de la Tierra, Tú, Dador de nuestra gloria y de nuestros hijos e hijas! Que se aumenten y multipliquen tus sustentadores y los que te invocan en el camino, en los ríos, en las barrancas, bajo los árboles y bejucos; dales sus hijos e hijas, que no encuentren desgracia ni infortunio, ni sean engañados, no tropiecen ni caigan, ni sean juzgados por tribunal alguno. No caigan en el lado alto o bajo del camino, ni haya algún golpe en su presencia; pónles en buen camino y hermoso, no tengan infortunio ni desgracia."

"¡Ojalá que sean buenas las costumbres de los que deben sustentarte! ¡Oh, Tú, Uc'ux Caj, Corazón del Cielo; Uc'ux Ulew, Corazón de la Tierra! ¡Oh, Tú, Envoltorio de Gloria y Majestad! ¡Tú, Tojil, Awilix, Jacawitz, Vientre del Cielo, Vientre de la Tierra! ¡Oh, Tú, que eres las Cuatro Esquinas de la Tierra, haz que haya Paz en tu Presencia! ¡Oh, Dios!''

La oración, el ayuno y penitencia que allí se hacía era el precio con que se compraba la claridad y los buenos sucesos y el mando y señorío de los Señores Principales. De dos en dos se seguían a llevar esta carga de los pueblos que tenían sobre sí.

Balam Quitzé, Balam Ak'ab, Majucutaj e Iquí Balam fueron los primeros padres y abuelos de todos nosotros los Quichés, siendo nuestras primeras abuelas y madres sus mujeres: Cajá Paluná, Chomijá, Tzununijá y K'aquixajá.

Estas son todas las historias del Quiché y de lo que allí pasó; se ha escrito ahora todo esto porque, aunque antiguamente hubo un libro donde todo esto constaba, se ha perdido y no hay dónde ver todo esto.

Y así se acabó todo lo tocante al Reino del Quiché, llamado ahora Santa Cruz.

SE TERMINÓ DE IMPRIMIR ESTA OBRA EL
19 DE ENERO DE 1984, EN LOS TALLERES DE

IMPRENTA ALDINA
ROSELL Y SORDO NORIEGA, S. DE R. L.

Obrero Mundial 201 - 03100 México, D. F.
LA EDICIÓN CONSTA DE 30 000 EJEMPLARES,
MÁS SOBRANTES PARA REPOSICIÓN.

Nº   2862

COLECCIÓN "SEPAN CUANTOS..." *

Los números que aparecen a la izquierda corresponden a la numeración de la Colección.

74. CALDERÓN DE LA BARCA, Madame: *La vida en México*. Traducción y prólogo de Felipe Teixidor. *Rústica* .... $ 300.00

252. CAMOENS, Luis de: *Los Lusíadas*. Traducción, prólogo y notas de Ildefonso-Manuel Gil. *Rústica* 225.00

329. CAMPOAMOR, Ramón de: *Doloras. Poemas*. Introducción de Vicente Gaos. *Rústica* 350.00

279. CANTAR DE ROLDÁN, EL: Versión de Felipe Teixidor. *Rústica* 225.00

285. CANTAR DE LOS NIBELUNGOS, EL: Traducción al español e introducción de Marianne Oeste de Bopp. *Rústica* 225.00

307. CARLYLE, Tomás: *Los Héroes. El culto a los héroes y Lo heroico de la historia*. Estudio preliminar de Rúl Cardiel Reyes. *Rústica* 200.00

215. CARROLL, Lewis: *Alicia en el país de las maravillas. Al otro lado del espejo*. Ilustrado con grabados de John Terniel. Prólogo de Sergio Pitol. *Rústica* 225.00

57. CASAS, Fr. Bartolomé de las: *Los Indios de México y Nueva España*. Antología. Edición, prólogo, apéndices y notas de Edmundo O'Gorman; con la colaboración de Jorge Alberto Manrique. *Rústica* 250.00

318. *Casidas de amor profano y místico*. Ibn Zaydun. Ibn Arabi. Estudio y traducción de Vicente Cantarino. *Rústica* 250.00

223. CASONA, Alejandro: *Flor de leyendas. La Sirena varada. La dama del alba. La barca sin pescador*. Prólogo de Antonio Magaña Esquivel. *Rústica* 225.00

249. CASONA, Alejandro: *Otra vez el diablo. Nuestra Natacha. Prohibido suicidarse en primavera. Los árboles mueren de pie*. Prólogo de Antonio Magaña Esquivel. *Rústica* 225.00

357. CASTELAR, Emilio: *Discursos. Recuerdos de Italia*. Selección e introducción de Arturo Souto A. *Rústica* 200.00

372. CASTRO, Américo: *La realidad histórica de España*. *Rústica* 300.00

268. CASTRO, Guillén de: *Las mocedades del Cid*. Prólogo de María Edmée Álvarez. *Rústica* 225.00

25. CERVANTES DE SALAZAR, Francisco: *México en 1554 y Túmulo Imperial*. Edición, prólogo y notas de Edmundo O'Gorman. *Rústica* 225.00

6. CERVANTES SAAVEDRA, Miguel de: *El ingenioso hidalgo Don Quijote de la Mancha*. Prólogo y esquema biográfico por Américo Castro. *Rústica* 350.00

9. CERVANTES SAAVEDRA, Miguel de: *Novelas ejemplares*. Comentario de Sergio Fernández. *Rústica* 225.00

98. CERVANTES SAAVEDRA, Miguel de: *Entremeses*. Introducción de Arturo Souto. *Rústica* 200.00

20. CÉSAR, Cayo Julio: *Comentarios de la guerra de las Galias. Guerra civil*. Prólogo de Xavier Tavera 200.00

320. CETINA, Gutierre de: *Obras*. Introducción de Dr. D. Joaquín Hazañas y la Rúa. Presentación de Margarita Peña. *Rústica* 400.00

230. CICERÓN: *Los oficios o los deberes. De la vejez. De la amistad*. Prólogo de Joaquín Antonio Peñalosa. *Rústica* 200.00

234. CICERÓN: *Tratado de la República. Tratado de las leyes. Catilinaria*. *Rústica* . 225.00

CID: Véase *Poema de Mío Cid*.

137. CIEN MEJORES POESÍAS LÍRICAS DE LA LENGUA CASTELLANA (LAS). Selección y Advertencia Preliminar de Marcelino Menéndez y Pelayo. *Rústica* ... 200.00

29. CLAVIJERO, Francisco Javier: *Historia antigua de México*. Edición y prólogo de Mariano Cuevas. *Rústica* 400.00

143. CLAVIJERO, Francisco Javier: *Historia de la Antigua o Baja California*. PALOU. Fr. Francisco: *Vida de Fr. Junípero Serra y Misiones de la California Septentrional*. Estudios preliminares por Miguel León-Portilla. *Rústica* 350.00

60. COLOMA, P. Luis: *Boy*. Prólogo de Joaquín Antonio Peñalosa. *Rústica* 200.00

91. COLOMA, P. Luis: *Pequeñeces. Jeromín*. Prólogo de Joaquín Antonio Peñalosa. *Rústica* 225.00

167. COMENIO, Juan Amós: *Didáctica Magna*. Prólogo de Gabriel de la Mora. *Rústica* 300.00

340. COMTE, Augusto: *La filosofía positiva*. Proemio, estudio introductivo, selección y análisis de los textos por Francisco Larroyo. *Rústica* 250.00

108. DOSTOIEVSKI, Fedor M.: *Crimen y Castigo.* Introducción de Rosa María Phillips. *Rústica* .... $ 220.00

259. DOSTOIEVSKI, Fedor M.: *Las noches blancas. El jugador. Un ladrón honrado.* Prólogo de Rosa María Phillips. *Rústica* 225.00

73. DUMAS, Alejandro: *Los tres Mosqueteros.* Prólogo de Salvador Reyes Nevares. *Rústica* 300.00

75. DUMAS, Alejandro: *Veinte años después. Rústica* 500.00

346. DUMAS, Alejandro: *El Conde de Monte-Cristo.* Prólogo de Mauricio González de la Garza 200.00

349. DUMAS, Alejandro (hijo): *La Dama de las Camelias.* Introducción de Arturo Souto A. 800.00

364-365. DUMAS, Alejandro: *El vizconde de Bragelone.* 2 tomos. *Rústica* 225.00

407. DUMAS, Alejandro: *El paje del Duque de Saboya. Rústica* ....

309. ECA DE QUEIROZ: *El misterio de la carretera de Cintra. La ilustre Casa de Ramírez.* Prólogo de Monserrat Alfau. *Rústica* 225.00

283. EPICTETO: *Manual y Máximas.* MARCO AURELIO: *Soliloquios.* Estudio preliminar de Francisco Montes de Oca. *Rústica* 225.00

99. ERCILLA, Alonso de: *La Araucana.* Prólogo de Ofelia Garza de Del Castillo. *Rústica* 250.00

233. ESPINEL, Vicente: *Vida de Marcos Obregón.* Prólogo de Juan Pérez de Guzmán. *Rústica* 225.00

202. ESPRONCEDA, José de: *Obras poéticas. El Pelayo. Poesías líricas. El estudiante de Salamanca. El diablo mundo.* Prólogo de Juana de Ontañón. *Rústica* 225.00

11. ESQUILO: *Las siete tragedias.* Versión directa del griego, con una introducción de Ángel María Garibay K. *Rústica* 225.00

24. EURIPIDES: *Las diecinueve tragedias.* Versión directa del griego, con una introducción de Ángel María Garibay K. *Rústica* 350.00

16. FÁBULAS: *(Pensador Mexicano, Rosas Moreno, La Fontaine, Samaniego, Iriarte, Esopo, Fedro, etc.).* Selección y notas de María de Pina. *Rústica* 200.00

387. FENELÓN: *Aventuras de Telémaco.* Introducción de Jeanne Renée Becker 300.00

1. FERNANDEZ DE LIZARDI, José Joaquín: *El Periquillo Sarniento.* Prólogo de J. Rea Spell. *Rústica* 300.00

71. FERNANDEZ DE LIZARDI, José Joaquín: *La Quijotita y su prima.* Introducción de María del Carmen Ruiz Castañeda. *Rústica* 225.00

173. FERNANDEZ DE MORATÍN, Leandro: *El sí de las niñas. La comedia nueva o el café. La derrota de los pedantes. Lección poética.* Prólogo de Manuel de Ezcurdia. *Rústica* 200.00

211. FERRO GAY, Federico: *Breve historia de la literatura italiana. Rústica* 250.00

352. FLAUBERT, Gustavo: *Madame Bovary. Costumbres de provincia.* Prólogo de José Arenas. *Rústica* 225.00

375. FRANCE, Anatole: *El crimen de un académico. La azucena roja. Tais.* Prólogo de Rafael Solana. *Rústica* 250.00

399. FRANCE, Anatole: *Los dioses tienen sed. La rebelión de los ángeles.* Prólogo de Pierre Josseand. *Rústica* 350.00

391. FRANKLIN, Benjamín: *Autobiografía y Otros escritos.* Prólogo de Arturo Uslar Pietri. *Rústica* 300.00

92. FRIAS, Heriberto: *Tomochic.* Prólogo y notas de James W. Brown. *Rústica* 200.00

354. GABRIEL Y GALÁN, José María: *Obras completas.* Introducción de Arturo Souto Alabarce 230.00

311. GALVÁN, Manuel de J.: *Enriquillo.* Leyenda histórica dominicana (1503-1533). Con un estudio de Concha Meléndez. *Rústica* 225.00

305. GALLEGOS, Rómulo: *Doña Bárbara.* Prólogo de Ignacio Díaz Ruiz. *Rústica* .. 200.00

368. GAMIO, Manuel: *Forjando patria.* Prólogo de Justino Fernández. *Rústica* 250.00

251. GARCIA LORCA, Federico: *Libro de Poemas. Poema del Cante Jondo. Romancero Gitano. Poeta en Nueva York. Odas. Llanto por Sánchez Mejía. Bodas de Sangre. Yerma.* Prólogo de Salvador Novo. *Rústica* 225.00

255. GARCIA LORCA, Federico: *Mariana Pineda. La zapatera prodigiosa. Así que pasen cinco años. Doña Rosita la soltera. La casa de Bernarda Alba. Primeras canciones. Canciones.* Prólogo de Salvador Novo. *Rústica* 225.00

164. GARCIA MORENTE, Manuel: *Lecciones preliminares de filosofía. Rústica* 225.00

22. GARIBAY K., Ángel María: *Panorama literario de los pueblos nahuas. Rústica* . $ 225.00

31. GARIBAY K., Angel María: *Mitología griega. Dioses y héroes. Rústica* 300.00

373. GAY, José Antonio: *Historia de Oaxaca.* Prólogo de Pedro Vázquez Colmenares. *Rústica* 350.00

21. GOETHE, J. W.: *Fausto. Werther.* Introducción de Francisco Montes de Oca. *Rústica* 250.00

400. GOETHE, J. W.: *Poesía y verdad.* Prólogo de Ernst Robert Curtius. *Rústica* .

132. GOGOL, Nikolai V.: *Las almas muertas. La tercera orden de San Vladimiro. (Fragmentos de comedia inconclusa.)* Prólogo de Rosa María Phillips. *Rústica* ... 225.00

262. GÓNGORA: *Poesías. Romance. Letrillas. Redondillas. Décimas. Sonetos. Sonetos atribuidos. Soledades. Polifemo y Galatea. Panegírico. Poesías sueltas.* Prólogo de Anita Arroyo. *Rústica* 300.00

44. GONZÁLEZ PEÑA, Carlos: *Historia de la literatura mexicana. (Desde los orígenes hasta nuestros días.) Rústica* 225.00

254. GORKI, Máximo: *La madre. Mis confesiones.* Prólogo de Rosa María Phillips. *Rústica* 225.00

397. GORKI, Máximo: *Mi infancia. Por el mundo. Mis universidades.* Prólogo de Marc Slonim. *Rústica* 370.00

118. GOYTORTÚA SANTOS, Jesús: *Pensativa.* Premio "Lanz Duret" 1944. *Rústica* . 200.00

315. GRACIÁN, Baltazar: *El Discreto - El Criticón - El Héroe.* Introducción de Isabel C. Tarán. *Rústica* 250.00

121. GRIMM, CUENTOS DE: Prólogo y selección de María Edmée Álvarez. *Rústica* . 225.00

169. GÜIRALDES, Ricardo: *Don Segundo Sombra.* Prólogo de María Edmée Álvarez. *Rústica* 200.00

19. GUTIÉRREZ NÁJERA, Manuel: *Cuentos y Cuaresmas del Duque Job. Cuentos frágiles. Cuentos de color de humo. Primeros cuentos. Últimos cuentos.* Prólogo y *Capítulos de novelas.* Edición e introducción de Francisco Monterde. *Rústica* 250.00

396. HAMSUN, Knut: *Hambre - Pan.* Prólogo de Antonio Espina. *Rústica* 200.00

187. HEGEL: *Enciclopedia de las ciencias filosóficas.* Estudio introductivo y análisis de la obra por Francisco Larroyo. *Rústica* 250.00

271. HEREDIA, José María: *Poesías completas.* Estudio preliminar de Raimundo Lazo. *Rústica* 200.00

216. HERNÁNDEZ, José: *Martín Fierro.* Ensayo preliminar por Raimundo Lazo. *Rústica* 225.00

176. HERODOTO: *Los nueve libros de la historia.* Introducción de Edmundo O'Gorman. *Rústica* 275.00

323. HERRERA Y REISSIG, Julio: *Poesías.* Introducción de Ana Victoria Mondada. *Rústica* 225.00

206. HESÍODO: *Teogonía. Los trabajos y los días. El escudo de Heracles. Idilios de Bión. Idilios de Mosco. Himnos órficos.* Prólogo de José Manuel Villalaz. *Rústica.* 200.00

351. HESSEN, Juan: *Teoría del conocimiento.* MESSER, Augusto: *Realismo crítico.* BESTEIRO, Julián: *Los juicios sintéticos 'a priori'.* Preliminar y estudio introductivo por Francisco Larroyo 225.00

156. HOFFMAN, E. T. G.: *Cuentos.* Prólogo de Rosa María Phillips. *Rústica* 225.00

2. HOMERO: *La Ilíada.* Traducción de Luis Segalá y Estalella. Prólogo de Alfonso Reyes. *Rústica* 225.00

4. HOMERO: *La Odisea.* Traducción de Luis Segalá y Estalella. Prólogo de Alfonso Reyes. *Rústica* 225.00

240. HORACIO: *Odas y Épodos. Sátiras. Epístolas. Arte Poética.* Estudio preliminar de Francisco Montes de Oca. *Rústica* 240.00

77. HUGO, Víctor: *Los miserables.* Nota preliminar de Javier Peñalosa. *Rústica* 500.00

294. HUGO, Víctor: *Nuestra Señora de París.* Introducción de Arturo Souto. *Rústica.* 250.00

274. HUGÓN, Eduardo: *Las veinticuatro tesis tomistas.* Incluye, además: *Encíclica Aeterni Patris,* de León XIII. *Motu Proprio Doctoris Angelici,* de Pío X. *Motu Proprio non multo post,* de Benedicto XV. *Encíclica Studiorum Ducem,* de Pío XI. Análisis de la obra precedida de un estudio sobre los orígenes y desenvolvimiento de la Neoescolástica, por Francisco Larroyo. *Rústica* 250.00

39. HUMBOLDT, Alejandro de: *Ensayo político sobre el reino de la Nueva España.* Estudio preliminar, cotejos, notas y anexos de Juan A. Ortega y Medina. *Rústica.* 600.00

326. HUME, David: *Tratado de la Naturaleza Humana.* Ensayo para introducir el método del razonamiento humano en los asuntos morales. Estudio introductivo y análisis de la obra por Francisco Larroyo. *Rústica* 350.00

370. MENÉNDEZ PELAYO, Marcelino: *Historia de los heterodoxos españoles.* Erasmistas y protestantes. Sectas místicas. Judaizantes y moriscos. Artes mágicas. Prólogo de Arturo Farinelli. *Rústica* .... $ 350.00

389. MENÉNDEZ PELAYO, Marcelino: *Historia de los heterodoxos españoles.* Regalismo y enciclopedia. Los afrancesados y las Cortes de Cádiz. Reinados de Fernando VII e Isabel II. Krausismo y apologistas católicos. Prólogo de Arturo Farinelli. *Rústica* 500.00

MESSER, Augusto (véase HESSEN, Juan).

405. MENÉNDEZ PELAYO, Marcelino: *Historia de los heterodoxos españoles.* Épocas romana y visigoda. Priscilianismo y adopcionismo. Mozárabes cordobeses. Panteísmo semítico. Albigenses y valdenses. Arnaldo de Vilanova. Raimundo Lulio. Herejes en el siglo xv. Advertencia y discurso preliminar de Marcelino Menéndez Pelayo. *Rústica* 600.00

18. MIL Y UN SONETOS MEXICANOS. Selección y nota preliminar de Salvador Novo. *Rústica* 200.00

136. MIL Y UNA NOCHES, LAS: Prólogo de Teresa E. Rodhe. *Rústica* 250.00

194. MILTON, John: *El paraíso perdido.* Prólogo de Joaquín Antonio Peñalosa. *Rústica.* 225.00

109. MIRÓ, Gabriel: *Figuras de la Pasión del Señor. Nuestro Padre San Daniel.* Prólogo de Juana de Ontañón. *Rústica.* 225.00

68. MISTRAL, Gabriela: *Lecturas para Mujeres.* Gabriela Mistral (1922-1924) por Palma Guillén de Nicolau. *Rústica* 225.00

250. MISTRAL, Gabriela: *Desolación. Ternura. Tala. Lagar.* Introducción de Palma Guillén de Nicolau. *Rústica* 225.00

144. MOLIÈRE: *Comedias. (Tartufo. El burgués gentilhombrbe. El misántropo. El enfermo imaginario.)* Prólogo de Rafael Solana. *Rústica* 225.00

149. MOLIÈRE: *Comedias. (El avaro. Las preciosas ridículas. El médico a la fuerza. La escuela de las mujeres. Las mujeres sabias.)* Prólogo de Rafael Solana. *Rústica.* 225.00

32. MOLINA, Tirso de: *El vergonzoso en palacio. El condenado por desconfiado. El burlador de Sevilla. La prudencia en la mujer.* Edición de Juana de Ontañón. *Rústica* 230.00

208. MONTALVO, Juan: *Capítulos que se le olvidaron a Cervantes.* Estudio introductivo de Gonzalo Zaldumbide. *Rústica* 225.00

381. MONTES DE OCA, Francisco: *Poesía hispanoamericana* 450.00

191. MONTESQUIEU: *Del espíritu de las leyes.* Estudio preliminar de Daniel Moreno. *Rústica* 325.00

282. MORO, Tomás: *Utopía.* Prólogo de Manuel Alcalá. *Rústica* 200.00

129. MOTOLINIA, Fray Toribio: *Historia de los Indios de la Nueva España.* Estudio crítico, apéndices, notas e índice de Edmundo O'Gorman. *Rústica* 250.00

286. NATORP, Pablo: *Propedéutica filosófica. Kant y la escuela de Marburgo.. Curso de pedagogía social.* Presentación introductiva (el autor y su obra) y preámbulos a los capítulos por Francisco Larroyo. *Rústica* 225.00

171. NERVO, Amado: *Plenitud, Perlas Negras. Místicas. Los Jardines Interiores. El Estanque de los Lotos.* Prólogo de Ernesto Mejía Sánchez. *Rústica* 225.00

175. NERVO, Amado: *La amada inmóvil. Serenidad. Elevación. La última luna.* Prólogo de Ernesto Mejía Sánchez. *Rústica* 225.00

395. NIETZSCHE, Federico: *Así hablaba Zaratustra.* Prólogo de E. W. F. Tomlin. *Rústica* 350.00

356. NÚÑEZ DE ARCE, Gaspar: *Poesías completas.* Prólogo de Arturo Souto Alabarce. *Rústica* 200.00

8. OCHO SIGLOS DE POESÍA EN LENGUA ESPAÑOLA. Introducción y compilación de Francisco Montes de Oca. *Rústica* 300.00

45. O'GORMAN, Edmundo: *Historia de las divisiones territoriales de México. Rústica.* 225.00

316. OVIDIO: *Las metamorfosis.* Estudio preliminar de Francisco Montes de Oca. *Rústica* 225.00

213. PALACIO VALDÉS, Armando: *La hermana San Sulpicio.* Introducción de Joaquín Antonio Peñalosa. *Rústica* 225.00

125. PALMA, Ricardo: *Tradiciones peruanas.* Estudio y selección por Raimundo Lazo. *Rústica* 225.00

PALOU, Fr. Francisco: *Véase* CLAVIJERO, Francisco Xavier.

266. PARDO BAZÁN, Emilia: *Los pazos de Ulloa.* Introducción de Arturo Souto A. *Rústica* 225.00

358. PARDO BAZÁN, Emilia: *San Francisco de Asís. (Siglo XIII.)* Prólogo de Marcelino Menéndez Pelayo. *Rústica* 250.00

3. PAYNO, Manuel: *Los bandidos de Río Frío*. Edición y prólogo de Antonio Castro Leal. *Rústica* .... $ 420.00

80. PAYNO, Manuel: *El fistol del diablo. Novela de costumbres mexicanas.* Texto establecido y estudio preliminar de Antonio Castro Leal. *Rústica* 400.00

64. PEREDA, José María de: *Peñas arriba. Sotileza* Introducción de Soledad Anaya Solórzano. *Rústica* 270.00

165. PEREYRA, Carlos: *Hernán Cortés.* Prólogo de Martín Quirarte. *Rústica* 200.00

188. PÉREZ ESCRICH, Enrique: *El mártir del Gólgota.* Prólogo de Joaquín Antonio Peñalosa. *Rústica* 280.00

69. PÉREZ GALDÓS, Benito: *Miau. Marianela.* Prólogo de Teresa Silva Tena. *Rústica* 250.00

107. PÉREZ GALDÓS, Benito: *Doña Perfecta. Misericordia.* Nota preliminar de Teresa Silva Tena. *Rústica* 250.00

117. PÉREZ GALDÓS, Benito: *Episodios nacionales: Trafalgar. La corte de Carlos IV.* Prólogo de María Eugenia Gaona. *Rústica* 225.00

130. PÉREZ GALDÓS, Benito: *Episodios nacionales: 19 de Marzo y el 2 de Mayo. Bailén.* Nota preliminar de Teresa Silva Tena. *Rústica* 200.00

158. PÉREZ GALDÓS, Benito: *Episodios nacionales: Napoleón en Chamartín. Zaragoza.* Prólogo de Teresa Silva Tena. *Rústica* 225.00

166. PÉREZ GALDÓS, Benito: *Episodios nacionales: Gerona. Cádiz.* Nota preliminar de Teresa Silva Tena. *Rústica* 225.00

185. PÉREZ GALDÓS, Benito: *Fortunata y Jacinta. (De historias de casadas.)* Introducción de Agustín Yáñez 400.00

289. PÉREZ GALDÓS, Benito: *Episodios nacionales: Juan Martín el Empecinado. La Rústica* 200.00

378. PÉREZ GALDÓS, Benito: *La desheredada.* Prólogo de José Salavarría. 1982. *batalla de los Arapiles. Rústica* 225.00

383. PÉREZ GALDÓS, Benito: *El amigo manso.* Prólogo de Joaquín Casalduero. 1982. *Rústica* 200.00

392. PÉREZ GALDÓS, Benito: *La fontana de oro.* Introducción de Marcelino Menéndez Pelayo 300.00

231. PÉREZ LUGÍN, Alejandro: *La casa de la Troya. Estudiantina. Rústica* 225.00

235. PÉREZ LUGÍN, Alejandro: *Currito de la Cruz. Rústica* 225.00

263. PERRAULT, Cuentos de: *Griselda. Piel de asno. Los deseos ridículos. La bella durmiente del bosque. Caperucita Roja. Barba Azul. El gato con botas. Las hadas. Cenicienta. Riquete el del copete. Pulgarcito.* Prólogo de María Edmée Álvarez. *Rústica* 200.00

308. PESTALOZZI, Juan Enrique: *Cómo Gertrudis enseña a sus hijos. Cartas sobre la educación de los niños. Libros de educación elemental. Prólogos.* Estudio introductivo y preámbulos de las obras por Edmundo Escobar. *Rústica* 225.00

369. PESTALOZZI, Juan Enrique: *Canto del cisne.* Estudio preliminar de José Manuel Villalpando. *Rústica* 250.00

221. PEZA, Juan de Dios: *Hogar y patria. El arpa del amor.* Noticia preliminar de Porfirio Martínez Peñalosa. *Rústica* 225.00

224. PEZA, Juan de Dios: *Recuerdos y esperanzas. Flores del alma y versos festivos. Rústica* 225.00

248. PINDARO: *Odas. Olímpicas. Píticas. Nemeas. Istmicas y fragmentos de otras obras de Pindaro. Otros líricos griegos. Arquíloco. Tirteo. Alceo. Safo. Simónides de Ceos. Anacreonte. Baquilides.* Estudio preliminar de Francisco Montes de Oca. *Rústica* 200.00

13. PLATÓN: *Diálogos.* Estudio preliminar de Francisco Larroyo. Edición corregida y aumentada. *Rústica* 500.00

139. PLATÓN: *Las leyes. Epinomis. El político.* Estudio introductivo y preámbulos a los diálogos por Francisco Larroyo. *Rústica* 250.00

258. PLAUTO: *Comedias: Los mellizos. El militar fanfarrón. La olla. El gorgojo. Anfitrión. Los cautivos.* Estudio preliminar de Francisco Montes de Oca. *Rústica.* 225.00

26. PLUTARCO: *Vidas paralelas.* Introducción de Francisco Montes de Oca. *Rústica.* 275.00

210. POE, Edgar Allan: *Narraciones extraordinarias. Aventuras de Arturo Gordon Pym. El cuervo.* Prólogo de Elvira Bermúdez. *Rústica* .... $ 225.00

85. POEMA DE MÍO CID. Versión antigua, con prólogo y versión moderna de Amancio Bolaño e Isla. Seguido del *Romancero del Cid. Rústica* 200.00

102. POESÍA MEXICANA. Selección de Francisco Montes de Oca. *Rústica* 250.00

371. POLO, Marco: *Viajes.* Introducción de María Elvira Bermúdez. *Rústica* 250.00

36. POPOL VUH: *Antiguas historias de los indios quichés de Guatemala.* Ilustradas con dibujos de los códices mayas. Advertencia, versión y vocabulario de Albertina Saravia E. *Rústica* 200.00

150. PRESCOTT, William H.: *Historia de la Conquista de México.* Anotada por don Lucas Alamán. Con notas, críticas y esclarecimientos de don José Fernando Ramírez. Prólogo y apéndices por Juana A. Ortega y Medina. *Rústica* 700.00

198. PRIETO, Guillermo: *Musa callejera.* Prólogo de Francisco Monterde. *Rústica* .. 225.00

54. PROVERBIOS DE SALOMÓN Y SABIDURÍA DE JESÚS BEN SIRAK: Versiones directas de los originales por Ángel María Garibay K. *Rústica* 225.00

QUEVEDO, Francisco de: Véase *Lazarillo de Tormes.*

332. QUEVEDO Y VILLEGAS, Francisco de: *Sueños. El sueño de las calaveras. El alguacil alguacilado. Las zahúrdas de Plutón. Visita de los chistes. El mundo por dentro. La hora de todos y la fortuna con seso. Poesías.* Introducción de Arturo Souto Alabarce. *Rústica* 225.00

97. QUIROGA, Horacio: *Cuentos.* Selección, estudio preliminar y notas críticas e informativas por Raimundo Lazo. *Rúbrica* 200.00

347. QUIROGA, Horacio: *Más cuentos.* Introducción de Arturo Souto Alabarce 200.00

360. RABELÁIS: *Gargantúa y Pantagruel. Vida de Rabeláis.* Por Anatole France. Ilustraciones de Gustavo Doré. *Rústica* 350.00

219. RABINAL ACHÍ: *El varón de Rabinal. Ballet-drama de los indios quichés de Guatemala.* Traducción y prólogo de Luis Cardoza y Aragón. *Rústica* 200.00

366. REED, John: *México insurgente. Diez días que estremecieron al mundo.* Prólogo de Juan de la Cabada. *Rústica* 250.00

101. RIVA PALACIO, Vicente: *Cuentos del General.* Prólogo de Clementina Díaz y de Ovando. *Rústica* 200.00

162. RIVAS, Duque de: *Don Álvaro a la Fuerza del Sino. Romances históricos.* Prólogo de Antonio Magaña Esquivel. *Rústica* 200.00

172. RIVERA, José Eustasio: *La Vorágine.* Prólogo de Cristina Barros Stivalet. *Rústica.* 200.00

87. RODÓ, José Enrique: *Ariel. Liberalismo y Jacobinismo.* Ensayos: *Rubén Darío, Bolívar, Montalvo.* Estudio preliminar, índice biográfico-cronológico y resumen bibliográfico por Raimundo Lazo 200.00

115. RODÓ, José Enrique: *Motivos de Proteo y Nuevos motivos de Proteo.* Prólogo de Raimundo Lazo. *Rústica* 200.00

88. ROJAS, Fernando de: *La Celestina.* Prólogo de Manuel de Ezcurdia. Con una cronología y dos glosarios. *Rústica* 250.00

328. ROSTAND, Edmundo: *Cyrano de Bergerac.* Prólogo, estudio y notas de Ángeles Mendieta Alatorre. *Rústica* 225.00

113. ROUSSEAU, Juan Jacobo: *El Contrato Social o Principios de Derecho Político. Discurso sobre las Ciencias y las Artes. Discurso sobre el Origen de la Desigualdad.* Estudio preliminar de Daniel Moreno. *Rústica* 250.00

159. ROUSSEAU, Juan Jacobo: *Emilio o de la Educación.* Estudio preliminar de Daniel Moreno. *Rústica* 250.00

265. RUEDA, Lope de: *Teatro completo. Eufemia. Armelina. De los engañados. Medora. Colloquio de Camila. Colloquio de Tymbria. Diálogo sobre la invención de las Calças. El deleitoso. Registro de representantes. Colloquio llamado prendas de amor. Colloquio en verso. Comedia llamada discordia y questión de amor. Auto de Naval y Abigail. Auto de los desposorios de Moisén. Farsa del sordo.* Introducción de Arturo outo Alabarce. *Rústica* 225.00

10. RUIZ DE ALARCÓN, Juan: *Cuatro comedias: Las paredes oyen. Los pechos privilegiados. La verdad ssopechosa. Ganar amigos.* Estudio, texto y comentarios de Antonio Castro Leal. *Rústica* 225.00

51. SABIDURÍA DE ISRAEL: *Tres obras de cultura judía.* Traducciones directas de Ángel María Garibay K. *Rústica* 200.00

ENCUADERNADOS EN TELA: $120.00 MÁS POR TOMO.

PRECIOS SUJETOS A VARIACIÓN SIN PREVIO AVISO.

AGOSTO, 1983.

EDITORIAL PORRÚA, S. A.